中国 IPO 发行定价制度变迁及其影响研究

A Study on the Regulation Changes and
Its Impact on Chinese IPO Process

刘剑蕾 著

责任编辑：陈　翎　刘红卫
责任校对：张志文
责任印制：丁淮宾

图书在版编目（CIP）数据

中国 IPO 发行定价制度变迁及其影响研究（Zhongguo IPO Faxing Dingjia Zhidu Bianqian Jiqi Yingxiang Yanjiu）/刘剑蕾著. —北京：中国金融出版社，2017. 10
ISBN 978 -7 -5049 -9225 -3

Ⅰ. ①中…　Ⅱ. ①刘…　Ⅲ. ①上市公司—股票上市—研究—中国
Ⅳ. ①F279. 246

中国版本图书馆 CIP 数据核字（2017）第 239209 号

出版发行　中国金融出版社
社址　北京市丰台区益泽路 2 号
市场开发部　(010)63266347，63805472，63439533（传真）
网 上 书 店　http：//www. chinafph. com
(010)63286832，63365686（传真）
读者服务部　(010)66070833，62568380
邮编　100071
经销　新华书店
印刷　北京市松源印刷有限公司
尺寸　169 毫米×239 毫米
印张　9. 75
字数　177 千
版次　2017 年 10 月第 1 版
印次　2017 年 10 月第 1 次印刷
定价　35. 00 元
ISBN 978 -7 -5049 -9225 -3

目　　录

1　导论 …… 1
1.1　研究背景 …… 1
1.1.1　审批制下的配额制 …… 2
1.1.2　核准制下的通道制 …… 4
1.1.3　保荐制下的询价制 …… 6
1.2　研究意义 …… 8
2　文献综述 …… 10
2.1　IPO 选择 …… 10
2.2　IPO 市场时机 …… 11
2.3　IPO 抑价 …… 11
2.3.1　“赢者诅咒”假说 …… 12
2.3.2　事前不确定性假设 …… 12
2.3.3　信号假说 …… 13
2.3.4　诉讼风险假说 …… 13
2.4　IPO 长期弱势表现 …… 14
2.4.1　代理成本假说 …… 14
2.4.2　机会窗口假说 …… 15
2.4.3　盈余管理假说 …… 15
2.5　IPO 盈余管理 …… 15

2.6 IPO 禁售期 …… 16
3 研究目的和内容 …… 17
3.1 研究目的 …… 17
3.2 研究动机 …… 18
3.3 研究内容 …… 20
3.4 研究成果和贡献 …… 21
4 法律保护与 IPO 抑价 …… 23
4.1 引言 …… 23
4.2 研究背景 …… 26
4.3 文献综述 …… 29
4.4 样本和变量的选择 …… 31
4.4.1 样本选择 …… 31
4.4.2 IPO 抑价的衡量 …… 34
4.4.3 控制变量 …… 35
4.5 实证分析 …… 38
4.5.1 单变量分析 …… 38
4.5.2 回归分析 …… 41
4.5.3 稳健性分析 …… 45
4.6 结论 …… 51
5 地方经济发展与 IPO 抑价 …… 53
5.1 引言 …… 53
5.2 研究背景 …… 55
5.3 理论假设 …… 57
5.4 样本和变量的选择 …… 58
5.4.1 样本选择 …… 58
5.4.2 抑价的衡量方法 …… 60
5.4.3 其他变量的衡量方法 …… 62
5.5 实证分析 …… 65
5.5.1 回归结果 …… 65
5.5.2 稳健性分析 …… 69
5.6 结论 …… 73
6 IPO 发行制度变迁与盈余管理 …… 74
6.1 引言 …… 74
6.2 研究背景 …… 77
6.2.1 IPO 发行制度的变迁 …… 77

6.2.2 政府管控 …… 78
6.2.3 银行贷款的优先获取权 …… 78
6.2.4 区域差异 …… 79
6.3 假设、变量和样本选取 …… 79
6.3.1 假设和变量 …… 79
6.3.2 盈余管理变量 …… 82
6.3.3 样本选取 …… 83
6.4 研究结果 …… 85
6.4.1 单变量分析 …… 85
6.4.2 回归结果 …… 88
6.5 稳健性分析 …… 98
6.6 结论 …… 99
7 政治关联性与 IPO 长期股价表现 …… 101
7.1 引言 …… 101
7.2 研究背景 …… 102
7.3 实证方法 …… 104
7.4 样本选取过程及数据 …… 106
7.4.1 样本选取过程 …… 106
7.4.2 样本公司的长期股价表现 …… 108
7.5 实证结果 …… 111
7.5.1 单变量分析 …… 111
7.5.2 回归分析 …… 114
7.5.3 稳健性分析 …… 121
7.6 结论 …… 126
8 研究结论与启示 …… 127
8.1 研究结论 …… 127
8.2 研究启示 …… 129
附录 …… 134
附录 1 省份法律框架指数 …… 134
附录 2 法律框架指数和子部分得分 …… 135
参考文献 …… 137
后记 …… 150

1 导论

首次公开发行募股（IPO）是指企业通过证券交易所首次公开向投资者发行股票，以期募集用于企业发展资金的过程。IPO 作为公司生命周期当中至关重要的事件，通常被认为是企业创始人通过稀释手中的股份而获得资本收益的第一次机会。上市不仅为企业的发展提供了额外的融资来源，吸引投资者，增强流通性，同时还能提高企业的知名度、声誉以及员工认同感。更重要的是可以通过上市程序完善企业制度，提高公司治理水平，强化经营管理。

1.1 研究背景

在过去的几十年里，我国进行了一系列的经济改革，使中国从计划经济体制转为以市场为导向的经济体制。作为经济改革的一个关键方面，我国政府在 1990 年成立了上海证券交易所（SHSE）和深圳证券交易所（SZSE），推动国有企业改革。国有企业改革是中国经济改革的重要组成部分。1992 年 10 月，国务院证券管理委员会（以下简称国务院证券委）和中国证监会成立，标志着中国资本市场开始逐步纳入全国统一监管框架，全国性市场由此形成并初步发展。国务院证券委、中国证监会成立后，股票发行试点走向全国。新股发行制度直接体现股票市场的基本功能——资源配置，因此，新股发行制度产生的原因和制度变迁也与融资制度具有紧密的联系。一个国家采用何种新股发行制度，是由其法律基础、证券市场发展的成熟程度以及文化传统等多重因素决定的。在我国资本市场发展的过程中，决定或影响新股发行行为的一系列要素，包括对拟发行企业的选择机制、发行方式、发行法律、发行定价机制和发行监管机制等都发生了重大改革和变迁。

1.1.1 审批制下的配额制

1990年至2000年，中国资本市场处于建立和发展初期，各方对资本市场的规则、市场参与者的权利和义务的认识不全面，为防止因股票发行引起投资过热，监管机构采取了额度指标管理的审批制度，称为配额制，即将额度指标下达至省级政府或行业主管部门，由其在指标限度内推荐企业，再由中国证监会审批企业发行股票。配额制于2000年被正式废除。

审批制下唯一的制度供给主体是政府和准政府机构，包括地方政府、中央政府和证券交易所。政府在当时的发行市场上身兼三职，首先是规则的制定者，规则制定的目的是为了体现政府主导证券发行市场的意志，使股票发行符合国家的产业政策和政府的筹资意愿；其次是规则的监督者，政府通过成立证券监督管理委员会和证券交易所来实现对股票发行市场的管理和监督，保证“三公”原则的执行，避免出现混乱无序的局面；最后是规则的执行者，股票发行市场发展初期的中介机构功能不健全，分工不明确，例如涉及企业改制等方面的工作由政府部门出面办理，这种应该由中介机构承担的职能由政府承担的现象比比皆是，所以造成政府成了自己制定规则的执行者。

审批制时期的国有企业无法与政府协商制定新股发行制度。多数情况下，国有企业必须被动接受政府的制度安排。审批制时期的中介机构所扮演的“参与者”角色，决定了在这一时期的新股发行中，以券商为代表的中介机构把追求利益为自身行为的出发点，从而引发股票发行工作中出现大量不规范行为。

国务院证券委根据国民经济发展需要及资本市场实际情况，先确定当年的发行总额度，然后根据各个省级行政区域、行业地位进一步分配总额度。1993年、1994年、1996年和1997年四年的发行额度分别是50亿元、55亿元、150亿元和300亿元人民币①。

在配额制下，股票发行上市的程序如下所述，经过批准的股份制试点企业，经中国证监会认可的资产评估机构和会计师事务所进行资产评估和财务审核后，向企业所在地的省级或计划单列市人民政府提出公开发行上市股票的申请，地方企业由省级或计划单列市人民政府在国家下达给该地的规模内审批；中央企业由其主管部门商企业所在地的省级或计划单列市人民政府在国家下达给该部门的规

① 数据来源：《中国资本市场发展报告（2008）》。

模内审批。被批准的发行申请送中国证监会进行资格复审后，由上海、深圳证券交易所发行上市委员会审核批准，报中国证监会备案（同时抄报国务院证券委），十五日内无异议即可发行。此外，如果地方政府推荐的上市公司在 IPO 后的表现更好，该机制还会给地方政府分配更多的股票发行额度。

1.1.1.1 发行方式

为了充分体现公开、公平、公正的原则，自 1993 年开始相继采用了无限量发售申请表、与银行储蓄存款挂钩、“上网定价”等方式向公众公开发行股票。其中无限量发售申请表、与银行储蓄存款挂钩方式包含专项存单和全额存款两种方式。专项存单方式指投资者在银行购买面值固定的专项存单，凭存单号码抽签，中签者可购新股。全额存款方式指投资者根据申购股票的总价值在银行办理全额存款单，按照存单号码参加抽签，中签者的存款直接转为认股款，未中签者的存款转为定期储蓄。“上网定价”方式是指投资者根据申购新股的数量在其保证金账户存入足额资金，证券交易所系统对有效申购进行连续配号，主承销商根据股票发行量和有效申购量计算中签率，并组织摇号抽签，中签者可购入新股。

1.1.1.2 发行定价

在交易所市场形成以前，大部分股票按照面值发行，定价没有制度可循。交易所市场形成以后，由于当时发行人、投资者和中介机构等市场参与者尚不成熟，也由于机构投资者的缺失，基本上根据每股税后利润和相对固定的市盈率来确定发行价格。新股发行价格等于每股税后利润（EPS）乘以发行市盈率（P/E）。

1.1.1.3 中介机构

随着全国性市场的形成和扩大，证券中介机构也随之增加。1992 年 10 月，依托中国工商银行、中国农业银行、中国建设银行，华夏、南方、国泰三家全国性证券公司成立。此后，证券公司数量急剧增加，这些证券公司股东的背景基本上都是银行、地方政府和有关部委，其业务包括证券承销、经纪、自营和实业投资等。此外，信托投资公司也都兼营证券业务，商业银行也参与国债的承销和自营。到 1998 年底，全国有证券公司 90 家，证券营业部 2412 家。其他从事证券业务的服务机构也不断发展，其中从事证券业务的会计师事务所 107 家，律师事务所 286 家，资产评估机构 116 家①。

1.1.1.4 对外开放

在 20 世纪 90 年代初外汇短缺和外汇管制的背景下，为了吸引国际资本，中国于 1991 年底推出人民币特种股票（以下简称 B 股）试点，又称境内上市外资

---

① 数据来源：《中国资本市场发展报告（2008）》。

股，以人民币标明面值，以美元或港元认购和交易，投资者为境外法人或自然人。截至1998年底，B股共筹资616.3亿元人民币，在一定程度上解决了企业的生产资金短缺问题，促进了B股公司按照国际惯例运作，也促进了中国资本市场在会计和法律制度以及交易结算等方面的改进和提高。但是，随着H股、N股、红筹股等境外上市步伐的加快，B股市场的功能大大减弱，无论市场总体规模还是单只股票流通规模，均不能与H股、红筹股相比。

1.1.1.5 法律基础

《证券法》于1998年12月颁布、于1999年7月实施，以法律形式确认了资本市场的地位。随着1998年《证券法》的颁布，相关法规体系和会计规则日益完善，上市公司数量快速增长，交易所交易和登记结算体系效率得到提高，二级市场交易日趋活跃，中国资本市场得到较快发展。《证券法》是中国第一部调整证券发行与交易行为的法律，标志着资本市场走向更高程度的规范发展，也对资本市场的法规体系建设产生了深远的影响。2005年11月，修订后的《证券法》颁布。

1.1.2 核准制下的通道制

2001年3月，新股发行正式实施核准制，确立了以强制性信息披露为核心的事前问责、依法披露和事后追究的责任机制，并初步建立起证券发行监管的法规体系，提高了发行审核工作的程序化和标准化程度。核准制下的制度供给主体范围发生了改变，政府和准政府机构不再是制度唯一的提供者，以券商为代表的中介机构被政府在核准制度安排下提供了“特许权”。根据1999年实施的《证券法》，券商被赋予了“确定股票发行规模、发行方式、发行价格”的权力，注册会计师在《股份公司会计制度》和十个会计具体准则公布后实现了运用会计准则对企业经营者经营活动的监督权力，证监发〔2001〕37号文也规定了律师在法律意见书中必须就股票发行有关的法律问题明确发表结论性意见。由此可见，中介机构在核准制下已经成为发行制度新的提供者。制度供给主体范围的扩大，为新股发行市场发展创造了更为有利的制度环境。

同时，股票发行定价制度由行政主导转变为市场主导。在这个阶段，中国围绕完善社会主义市场经济体制和全面建设小康社会进行持续改革。随着经济体制改革的深入，国有和非国有股份公司不断进入资本市场，2001年12月，中国加入世界贸易组织，中国经济走向全面开放，金融改革不断深化，资本市场的深度和广度日益拓展。

1.1.2.1 发行方式

通道限制，是指由监管部门确定各家综合类证券公司所拥有的发股通道数量，证券公司按照发行1家再上报1家的程序来推荐发股公司的制度。该制度旨在通过行政手段限制证券公司同时推荐的发行人的数量，实现对准上市公司数量乃至扩容节奏的控制。在这一制度下，中国证监会将IPO承销数量分配给每家证券公司。与配额制的地方政府官员一样，如果一家证券公司承销上市公司在IPO后的表现良好，那么该证券公司就会获得更多的股票发行渠道。2004年2月保荐制度正式实施后，中国证监会作出保荐制与通道制并行的过渡性安排。2005年1月，通道制正式废止。

1.1.2.2 发行定价

在通道制下，最常用的定价方法仍然是网上固定价格定价方式。发行价仍是由每股税后收益乘以一个指定的市盈率所决定的。该定价方式沿用至2004年。在此期间，中国证监会对市盈率的限制有所变化。1999年之前，市盈率的倍数为15倍，但1999年1月增加到50倍，2002年又降至20倍。

1.1.2.3 法律与监管基础

尽管自2001年起，发行审核程序不断透明，但资本市场也自此步入了持续四年的调整阶段。这是因为资本市场发展过程中积累的遗留问题、制度性缺陷和结构性矛盾开始逐步显现：股权分置问题；上市公司改制不彻底，治理结构不完善；证券公司实力较弱，运作不规范；机构投资者规模小，类型少；市场产品结构不合理，缺乏适合大型资金投资的优质蓝筹股、固定收益类产品和金融衍生产品；交易制度单一，缺乏适合于机构投资者避险的交易制度等。这些早期制度设计的局限性，逐步演变成市场进一步发展的障碍。在这个阶段中股票指数大幅下挫，2001年6月14日，上证综合指数创历史最高2245.44点，2005年6月6日，上证综合指数跌破1000点，最低998.23点；新股发行和上市公司再融资难度加大、周期变长；证券公司遇到了严重的经营困难，到2005年，全行业连续四年总体亏损。

为了积极推进资本市场改革开放和稳定发展，国务院于2004年1月发布了《关于推进资本市场改革开放和稳定发展的若干意见》，此后，中国资本市场进行了一系列的改革，完善各项基础性制度，主要包括实施股权分置改革、提高上市公司质量、对证券公司综合治理、大力发展机构投资者、改革发行制度等。经过这些改革，投资者信心得到恢复，资本市场出现转折性变化。

2004年，中国证监会改变跨区域监管体制，实行按行政区域设监管局。同时，开始加强监管局的监管职责，实施“属地监管、职责明确、责任到人、相互配合”的辖区监管责任制，并初步建立了与地方政府协作的综合监管体系。与审批制时期相比较，核准制时期的政府在新股发行市场中的职能也发生了变化。审批制时期政府集规则制定者、监管者和执行者于一身，在核准制时期前两者的职能得到加强，后者的职能交给了中介机构和企业。职能的变化使政府的“隐性担保者”角色逐渐弱化。

1.1.2.4 机构投资者迅速扩张

核准制下我国股票投资者的结构发生了重大改变，主要表现为个人投资者数量扩张逐渐减缓，以证券投资基金为代表的机构投资者迅速扩张。从1997年底到2003年10月，我国基金只数从78只①发展到103只②；基金总募集规模从76亿元增长为1633.24亿元。我国机构投资者是政府为推进资本市场的改革开放和稳定发展培育出的新的制度需求主体。虽然机构投资者与个人投资者都是我国证券市场制度创新的主要参与者和推动者，但是机构投资者与个人投资者在核准制下的最大区别是，前者要扮演股票市场（包括一级市场和二级市场）稳定者的角色，后者则不需要对证券市场的稳定负责。个人投资者在核准制下更多偏向参与者的角色。

1.1.3 保荐制下的询价制

2004年2月，《证券发行上市保荐制度暂行办法》实施，通道限制正式过渡到保荐制度。新股发行引入保荐制，是完善和发展核准制的重要形式，可以看作为我国新股发行制度变迁中的一个量变过程，它并没有改变核准制的本质和根本内容。但是，保荐制度的实施，一方面表现为对现行核准制度的配套改革；另一方面则是为简化发行核准程序、放松发行管制以至最终实现注册制准备了有利条件。同时，建立了保荐机构和保荐代表人问责机制。证券发行的市场约束机制得到强化，新股发行监管资源配置效率得到优化。

证券监管的最终目标是提高发行及上市公司信息披露质量和诚信水平，从而保证证券市场交易公平并且富有效率。在审批制下的信息不对称问题，在保荐制实施前核准制的制度实施不力问题都造成证券监管的最终目标难以实现。引入保荐制，一方面，在最大程度上减少了信息不对称问题；另一方面，保荐责任与权利的匹配又能够基本解决中介机构与外部投资者之间的诚信问题，从而真正形成制度对各制度变迁主体的约束与激励机制。因此，保荐制下的证券监管机构（政府代表）可以运用两种基本监管措施：一是对发行和上市公司的信息披露和诚信水平进行直接监管，从而直接提高公司信息披露的质量和诚信水平；二是对证券中介机构的执业和诚信水平进行监管，再通过证券中介机构执业和诚信水平的提

---

① 数据来源：耿志民. 中国机构投资者研究［M］. 北京：中国人民大学出版社，2002：12.

② 数据来源：《中国证券报》2003年10月27日。

高，来间接提高上市公司信息披露的质量和诚信水平。监管部门通过具体行动对上市公司的直接监管和对中介机构的监管之间进行合理的目标和责任分解，在这两者之间合理分配监管资源。既然保荐制本质是通过引入保荐机构、保荐代表人在发行环节充当“第一看门人”的角色，来形成它们对于上市公司和其他专业中介机构的强制性外部督导和核查机制。那么监管机构的直接监管压力必然得以减轻，最终实现证券市场监管效率的提高，中介机构执业水平的提高，以及发行、上市公司质量的提高。

保荐制提高了制度供给主体的供给能力，新股市场价格必然能够体现股票的真实价值。与保荐制配套进行的新股询价制是在前期放开发行市盈率基础上的定价方式改革，发行公司、保荐机构、投资者围绕发行定价的三方博弈在明确各方权利、责任边界和既定规则下进行，股票定价开始按照市场化模式来决定。

1.1.3.1 发行定价

随着机构投资者定价能力的不断增强，中国证监会于2004年底出台了《关于首次公开发行股票试行询价制度若干问题的通知》，对股票发行价格取消核准，实行询价制。询价机制是发达国家发行新股时所采用的一种最常见的方式。在这种机制下，证券价格是由发行人和主承销商根据一定时期内询价对象就该公司股票价格的反馈所共同决定的。询价对象包括符合中国证监会规定条件的基金管理公司、证券公司、信托投资公司、财务公司、保险机构投资者和合格境外机构投资者（QFII），以及其他经中国证监会认可的机构投资者。该发行机制被视为一种透明且灵活的IPO定价方法，能减少发行人与投资者之间的信息不对称问题。询价制度的实施，强化了市场对发行人的约束，使得发行定价机制逐步市场化。在市场化的定价机制下，发行人和承销商在IPO过程中拥有了更多的自由裁量权，因此，发行过程与IPO定价将会受到各种企业特征和环境的影响。

1.1.3.2 法律基础

2006年9月发布的《证券发行与承销管理办法》进一步重点规范了首次公开发行股票的询价、定价以及股票配售等环节，完善了询价制度，加强了对发行人、证券公司、证券服务机构和投资者参与证券发行行为的监管。同年末，《股票发行审核委员会暂行办法》实施，取消了发行审核委员会委员身份保密的规定，将表决方式改为记名制，建立了发审委委员的问责机制和监督机制，使核准制下市场参与者各负其责、各担风险的原则得到落实，实现了发行制度市场化改革目标的第一步。

2006年，《上市公司证券发行管理办法》《首次公开发行股票并上市管理办法》《证券发行与承销管理办法》及相应配套规则先后推出，形成了全流通模式下的新股发行体制，包括引入上市公司市价增发机制和配股发行失败机制①；严格保荐责任，取消了辅导期限一年的强制要求；推进融资方式和工具创新，推出了可分离交易的可转换公司债券；实施新股询价、向战略投资者定向配售、境内境外市场同步发行上市、超额配售选择权试点②、非公开发行和股本权证等制度安排。这一系列制度安排进一步强化了市场约束，提高了发行效率。

股票发行体制改革的实践表明，资本市场的制度安排逐步从“政府主导型”向“市场主导型”方向转变，增强市场约束机制提高市场运作的透明度，将定价过程更多地交由市场参与主体决定。这样，不仅能够增强定价的准确性，使市场的发展得以顺利推进，也能使市场参与主体在获得各自利益的同时承担相应的责任和风险，并有利于证券经营机构在市场化的环境下增强风险防范能力，提高核心竞争力。我国IPO市场的重大制度变迁对于IPO议题的研究产生了深远的影响。

1.2 研究意义

在计划经济时期，资源主要通过行政手段配置，经济整体运行效率低下。随着中国经济逐步走向市场化，资本市场逐渐成为中国经济资源市场化配置的重要平台。上市公司日益成为中国经济体系的重要组成部分。规模大、盈利能力强的企业日益成为资本市场的骨干力量；同时上市公司的行业布局日趋丰富，产业结构由以传统工商业为主转向以制造业、电信、电子、能源、石化、金融、交通等基础和支柱产业为主的新格局，资本市场对国民经济的支持作用逐步显现。

深入研究IPO过程中制度变迁所产生的影响，不仅能促进IPO企业的价格发现和价值重估，还能引领企业制度的变革。

在资本市场上，企业的价值主要由其未来盈利能力而非净资产决定。未来盈利能力越强，预期产生的现金流越大，企业的价值就越高，由此确立的企业价值往往数倍甚至数十倍于企业的净资产。此外，企业通过资本市场可以在各方参与者尤其是机构投资者的不断博弈中形成相对公允的价格。过去十几年中，中国资本市场的发展使得大量中国企业得到了价格发现和价值重估，许多上市公司特别是上市国有企业的市场价值远远超出原先评估体系下的价值。

---

① 配股发行失败机制下，控股股东不履行认配股份的承诺，或者代销期限届满，原股东认购股票的数量未达到拟配售数量70%，发行人应当按照发行价并加算银行同期存款利息返还已经认购的股东。

② 超额配售选择权制度，俗称“绿鞋”机制，是指发行人授予主承销商的一项选择权，获此授权的主承销商按同一发行价格超额发售不超过包销数额15%的股份，即主承销商按不超过包销数额115%的股份向投资者发售。在当次包销部分的股票上市之日起30日内，主承销商有权根据市场情况选择从集中竞价交易市场购买发行人股票，或者要求发行人增发股票，分配给对此超额发售部分提出认购申请的投资者。

中国资本市场在自身建设和发展过程中，促进了国有企业的股份制改革。多数国有上市公司走在了股份制试点的前列，起到了先导和示范作用，推动了现代企业制度在中国的建立。资本市场还推动企业建立了公司治理机制，使公司治理从被忽视到被高度重视、从无章可循到日趋完善。上市公司普遍建立了股东大会、董事会和监事会的框架，股东大会作用日益加强，中小股东参与股东大会的积极性逐步提高，维权意识不断提升；董事会运作的独立性和有效性不断增强，议事机制不断完善；监事会的监督作用也逐步发挥。同时，股权激励机制的引入，使管理层与股东间的利益更加趋于一致，有助于上市公司健全激励约束机制。此外，独立董事制度的引入，信息披露制度的逐步完善，强化了市场对上市公司的外部监督机制。

国有企业通过改制上市逐步建立起规范化的现代企业制度。资本市场为国有资产资本化提供了平台和窗口，随着资本运作理念逐渐被接受，国有资产管理开始从以企业监管为主向以资本运营为主的方向转变，同时，国有企业中逐步建立了风险管理机制和企业综合评价指标体系，特别是股权分置改革完成之后，股价表现和每股收益变化将逐步成为衡量国有资产运营水平的主要指标之一。

因此，资本市场，特别是 IPO 一级发行市场的发展对我国经济和企业的发展产生了深远的影响。IPO 市场的资源配置功能推动了企业的做大做强，为企业拓宽了外部融资渠道，同时促进了国有企业和国有资产管理模式的改变。我国企业还可以通过资本市场这个平台更为有效地获得国际资本的认可，进一步提高了对国际资本的吸引力，促进了中国经济与世界经济的融合。

2 文献综述

大多数的先前研究试图通过阐述以下四个问题来研究分析 IPO：公司为什么会选择上市？公司为什么会给予投资者相当可观的初始回报率？公司在上市之后的长期表现如何？IPO 公司是否会利用盈余管理来获得更大的融资规模？本章将就上述问题的研究成果进行总结。

2.1 IPO 选择

关于 IPO 选择理论的第一次正式出现是由 Zingales（1995）提出的。他认为，当企业面临着潜在收购者时，更有可能选择公开发行股票。这是因为相比于来自外部投资者的压力，目标企业更容易受到来自潜在收购者迫使目标企业做出定价让步的压力。然而，目标企业的管理层会意识到这一点。他们会利用上市途径帮助潜在收购者获得高于直接出售资产的价值。

此外，由于在 IPO 过程中所有权会被分散，因此会对 IPO 企业产生影响，包括积极和消极方面的影响（Chemmanur 和 Fulghieri，1999）。在上市之前，风险投资家（如天使投资人）持有的是单一投资组合，因此不愿意比持有多元化投资组合的公开市场中的投资者支付更高的价格。那么，上市成为风险投资家追求更高价格的不错选择。作为知情人，风险投资家可以通过企业的内部信息获取更高的收益以弥补上市过程中所产生的相应的固定成本，而这些成本对于外部投资者来说是十分昂贵的。由此可见，在企业生命周期的最初阶段，企业愿意维持其私有身份，但当企业规模发展到足够大的时候，它很可能会选择上市之路。

2.2 IPO 市场时机

信息不对称理论假定如果公司知道目前的公司股价处于被低估的位置，那么他们将推迟发行股票（Ritter，1984；Lucas 和 McDonald，1990）。公司选择走 IPO 之路的决策似乎主要是由市场时机因素驱动（Baker 和 Wurgler，2000）。鉴于发行者知道发行淡季市场（Cold Market）会使该公司的股票价值被低估，因此他们会将上市时机的选择推迟到发行旺季市场（Hot Market）的出现，以期获得更高的发行价格。这是因为市场会向发行人所提供的有价值的发行信息，被称为“信息溢出效应”（Subrahmanyam 和 Titman，1999；Schultz，2003）。如果在某一特定时间内由于信息溢出效应产生了高于初始预期的 IPO 发行价格，那么在随后的一段时间内 IPO 的发行数量会出现大幅增加。Lowry 和 Schwert（2002）发现 IPO 发行规模对近期与同质发行的结果高度敏感。

Ibbotson 和 Jaffe（1975）、Ritter（1984）认为，高频率的 IPO 发行状态可能会伴随 IPO 高抑价的出现。近期 IPO 的初始回报水平与当前 IPO 发行量之间存在着显著正相关关系，这是因为当市场对企业的估值高于预期时，承销商会鼓励更多的企业选择上市。Bradley 和 Jordan（2002）的研究中包含了发行旺季市场条件的影响，其结果显示超过 35% 的初始回报可以通过上市日所发布的公共信息进行预测。虽然高额的初始回报可以利用发行旺季市场条件来进行解释，但学者们仍旧抱有疑问：为什么 IPO 公司要用可观的初始回报作为投资者的补偿?

2.3 IPO 抑价

根据先前研究的定义，IPO 抑价是指公司在首日公开交易日所产生的正向的且在统计意义上显著的初始回报率。对于 IPO 抑价的研究源于美国市场，有大量的参考文献证实美国 IPO 企业确实存在着抑价现象（Reilly 和 Hatfield，1969；McDonald 和 Fisher，1972；Logue，1973；Ibbotson 1975；Ibbotson 和 Jaffe，1975；Ritter，1984；Ritter，1991）。Ritter（1991）通过研究从 1975 年到 1984 年上市的 1526 家美国 IPO 公司，得出美国上市公司的平均抑价率为 14.3%。Loughran 等（1994）的研究将分析对象扩大到了 25 个国家的 IPO 样本，通过对更复杂数据的全面分析，该研究发现 IPO 抑价现象普遍存在于各国的 IPO 市场当中。随着 IPO 抑价研究的不断深入，有许多学者开始研究亚洲国家，这当中包括对韩国（Kim 等，1993）；日本（Pettway 和 Kaneko，1996；Cai 和 Wei，1997）；中国香港（McGuinness，1992）；中国（Mok 和 Hui，1998；Su 和 Fleisher，1999）；马来西亚（Hwang 和

Jayaraman,1993；Paudyal等，1998；Jelic等，2001）；以及新加坡（Koh和Walter，1989；Lee等，1996）。研究者们都在试图阐述IPO抑价的现象，并解释导致IPO定价过低的几种可能的解释："赢者诅咒"假说；事前不确定性假说；信号假说；诉讼风险假说。接下来将分别介绍这几种理论背景。

2.3.1 "赢者诅咒"假说

在Rock（1986）所提出的信息不对称模型当中，提出了一个关键假设：假定IPO市场中存在着两组潜在投资者："完全信息占有者"和"不完全信息占有者"。由于完全信息占有者属于"知情人"，这类投资者会依据所拥有的相关信息做出投资决策，因此他们只会投资具有较大获利空间或者是未来成长性较好的IPO公司；而不完全信息占有者除了拥有市场上所发布的公开信息之外，对投资对象一无所知，所有IPO公司在这类投资者眼中都是无差别的，因此他们会任意选择新上市公司的股票进行投资。由此可以看出，当不完全信息占有者在投资优质IPO公司时必将会面对来自完全信息占有者的竞争，而他们所投资的劣质公司却无人竞争，不完全信息占有者获得劣质IPO公司的股票的可能性最大。因此，不完全信息占有者面临一个"赢者诅咒"：如果他们得到自己申购的所有股票，这是因为知情投资者并没有参与该只新股的申购，不知情的投资者面临逆向选择问题。如果不完全信息占有者意识到自己的劣势和不公平竞争环境时，在面临这种逆向选择的情况下，他们会选择用脚投票离开发行市场或者是只会购买股票价格被足够低估的IPO公司。因此，为了确保不完全信息占有投资者能继续参与到一级市场中，就必须满足不完全信息占有者在股票投资中获得高额首日回报率的要求。Koh和Walter（1989）、Lee等（1999）采用了新加坡IPO数据样本验证了Rock的"赢者诅咒"理论模型。Lee等（1999）的研究结果显示，当新加坡IPO市场存在强劲的超额需求时，小投资者就会比大投资者更受青睐。

2.3.2 事前不确定性假设

Ritter（1984）、Beatty和Ritter（1986）指出，IPO抑价程度会随着新股发行的事前不确定性的增加而上升。事前不确定性对于投资而言预示着风险，因此事前不确定性的增加一方面使不完全信息占有者所面临的风险更大，另一方面增加了知情投资者的回报。根据"赢者诅咒"假说，IPO抑价是对不完全信息占有投资者的一种补偿，为了使该类投资者继续参与一级市场。那么当IPO公司价值的确定具有较大的风险时，这种价值的不确定性会导致IPO抑价的增加。Beatty和Ritter（1986）的研究结果表明，事前不确定性和IPO抑价之间确实存在正相关关系。

更为重要的是，当投资者意识到 IPO 的公司价值具有风险即事前不确定性时，“赢者诅咒”的问题将变得更加严峻。

2.3.3 信号假说

Allen 和 Faulhaber（1989）、Grinblatt 和 Hwang（1989）以及 Welch（1989）提出，IPO 抑价可以被视为一种信号机制，通过这种信号向投资者传达公司质量方面的信息。信号理论基于一个重要的假设，即发行人比承销商和投资者拥有关于公司质量以及未来发展前景的更多的有价值的信息。由于发行人与投资者之间存在着严重的信息不对称问题，投资者基于已拥有的信息做出的投资判断极有可能出现偏差，那么具有更高公司价值的企业如何才能让投资者相信自己的实力呢？基于对公司现值和未来现金流风险情况的了解，发行人可以通过低价发行公司股票来作为公司质量的信号，即该类企业会选择承担更高的 IPO 抑价。因为 IPO 抑价对于发行人来说是一种成本。这种成本的弥补只能通过企业上市后成功增发股票的行为得以实现。因此，只有优质的 IPO 企业才有能力承担抑价成本，因为这类企业具有良好的经营状况和成长潜力，可以成功实现增发。由此可见，基于上市后成功增发的预测，IPO 抑价为优质公司提供了向投资者证明其实力的机会。然而，Michaely 和 Shaw（1994）的研究中采用了从 1984 年到 1988 年的美国 IPO 公司样本，他们的实证结果显示并不支持信号理论。

2.3.4 诉讼风险假说

IPO 抑价被视为降低未来诉讼风险的一种保险机制。如果承销商和发行人在招股说明书中夸大了潜在收益或低估了潜在损失，那么投资者可通过法律途径提起诉讼。1933 年美国颁布的《证券法》规定，在 IPO 过程中所有公开的材料由招股说明书中签字各方提供担保。严格的信息披露制度使得美国的投资银行、发行人以及会计师等面临着相当大的诉讼风险，因为投资者能以首次公开发行的招股说明书中不实或隐瞒之处向法院提起诉讼。基于此，IPO 抑价发行就成为减少未来诉讼的有效办法。Ibbotson（1975）首先提出在 1933 年《证券法》和 1934 年《证券交易法》的影响下，IPO 抑价和法律责任之间存在着相关关系。Tinic（1998）进一步发展了上述假说，并第一次提出了相关实证证据。Tinic（1998）认为，发行人与承销商并不清楚 IPO 文件出现问题时需要承担法律责任的大小，为了避免在发行过程中遭到投资者的起诉，承销商和发行人往往通过抑价方式发行新股。Hughes 和 Thakor（1992）、Lowry 和 Shu（2002）的研究表明，IPO 抑价构成了发行人及承销商避免法律诉讼的一种保险费。

2.4 IPO长期弱势表现

近年来，IPO公司的长期表现这一议题吸引了大批学者的兴趣。根据有效市场假说，IPO公司在上市后的表现应该呈“中性”，即其收益与其他非IPO公司的股票相比，不存在过高的收益或过低的亏损。但Ibbotson（1975）的研究表明，美国1960年到1969年上市新股的长期价格走势呈勺状分布，即第一年回报率为中性，随后三年的回报率呈现弱势表现，在第五年的时候又恢复中性。但Ibbotson（1975）的研究样本容量仅为120只股票，样本量较小，所以存在较大的误差。Ritter（1991）延续了Ibbotson（1975）的研究，其结果显示新上市的IPO股票长期呈现弱势表现。

IPO长期弱势表现是指首次公开发行的股票在上市后的一段时间里能给其持有者带来的收益比其他同类型的非IPO股票的收益更低。对于IPO的长期弱势表现的研究，学者们主要从股价表现和经营表现两个方面入手。Ritter（1991）研究选择了从1975年到1984年上市的1526家美国IPO公司为样本，同时选择了在美国证交所和纽交所上市的，在市值、行业等方面与研究样本相匹配的1526家非IPO公司作为匹配样本。研究结果显示IPO公司在上市三年后的收益率明显弱于匹配公司在同一阶段的收益情况。IPO长期弱势表现的异象在其他国家的市场中也得到了证实（Aggarwal等，1993；Keloharju，1993；Levis，1993；Kim等，1995；Cai和Wei，1997；Page和Reyneke，1997；Aussenegg，2000；Álvarez和González，2001；Drobetz等，2005；Omran，2005）。同时，大批的学者们致力于解释引起IPO长期弱势表现的原因，这一领域的研究成果斐然。

2.4.1 代理成本假说

Jensen（1986）提出了自由现金流量（Free Cash Flow）的概念及其代理成本（Agency Cost）假说。Jensen（1986）将自由现金流量定义为“公司现金中满足以资本成本进行折现后净现值大于零的所有项目所需现金后的那部分剩余现金流量”，并指出这部分留在公司中的现金不会再为股东创造满足其期望收益率的收益，因此，想要使股东价值最大化就必须将自由现金流量支付给股东。但是作为经济理性人的管理者，他们出于控制资源的自身利益的考虑，不愿意将这部分剩余现金支付给股东。管理者更愿意将剩余的现金流量用于净现值为负的投资项目，从而损害股东价值。于是，在自由现金流量的处置上，管理者和股东之间存在分歧，即代理成本。这种冲突会随着公司自由现金流量的增加而愈演愈烈，从而影响企业价值。McLaughlin等（1996）发现当公司拥有的自由现金流量越多，其上市后的长期经营表现越弱势，该实证结论支持了上述的代理成本假说。

2.4.2 机会窗口假说

机会窗口认为，如果投资者对 IPO 公司增长潜力的乐观态度呈现周期性的话，那么现实中发行量的周期性波动就可以看做是发行公司利用这一机会（机会窗口）调整 IPO 的发行时间来迎合投资者需求。Ritter（1991）、Loughran 和 Ritter（1995）认为长期高估现象与发行人利用机会窗口在投资者愿意出高价时发行股票是一致的。如果 IPO 公司确实能使企业上市时间与投资者的这种过度乐观情绪相匹配的话，那么不仅可以解释这种长期弱势现象，也能够说明为什么 IPO 发行会出现在相对集中的时段。研究结果表明，当公司被高估时，经理可能利用这一机会之窗以最优的价格发行新股，以降低融资成本。但是随着投资者，主要是过度乐观的投资者的认识趋于理性，他们将修正其对 IPO 公司股票过度乐观的看法，从而导致 IPO 公司股价长期下跌，即长期持有人的收益出现下降的趋势。事实上，Loughran 和 Ritter（1995）的研究结果已经证实 IPO 公司的长期股价表现不佳。

2.4.3 盈余管理假说

在企业未上市之前，投资者很难了解企业的经营状况。由于存在着严重的信息不对称，在新股发行之时，投资者只能依赖招股说明书中的内容做出投资决策。为了吸引更多的投资者参与，IPO 公司会在招股说明书中就相关信息进行“包装”。如果投资者被这种“包装”过的利润所吸引，而并未意识到这只是 IPO 公司所采取的盈余管理的手段，那么投资者会愿意支付更高的价格来购买新股。因此，发行人通过积极的盈余管理手段而生成的这份乐观的财务报告，旨在诱导投资者对发行人的前景持有过度乐观的态度。但一旦企业上市成功后，随着各种媒体、分析师的报告的公布，投资者与发行人之间的信息不对称程度降低，投资者会意识到企业在招股说明书中所公布的业绩是不可持续的，投资者将对企业的实际利润变得失望并重估公司价值，那么此时企业的股票价格将会下调。当 IPO 过程中所采用的盈余管理程度越严重，其上市后的股票价格向下调整的幅度就会越大。Teoh 等（1998a，b）和 Roosenboom 等（2003）的研究结果表明，IPO 的长期股价表现与其在新股发行前是否采用了积极的盈余管理手段存在相关性：在新股发行时通过盈余管理获得异常高收益的发行人在随后三年内的股票收益不佳。因此，IPO 的长期弱势表现某种程度上来说是由一个过于乐观的市场所导致的。

2.5 IPO 盈余管理

如前文所述，关于 IPO 长期弱势表现的先前研究认为盈余管理是导致 IPO 公司长期股票表现不佳的一个重要因素。事实上，有关IPO公司的会计选择，即盈余管理这一议题也吸引了研究者的极大关注。从盈余管理实证研究的内容上看，主要包括以下两类：第一类研究集中在是否和何时使用盈余管理操纵手段，研究主要是以具有强烈利润操纵动机的公司为样本，比如说IPO公司，增发企业等；第二类主要是研究分析利润操纵的规模和频率，以及对资源配置的影响。

从研究方法看，盈余管理的研究差别主要体现在如何确定利润操纵的存在。最普遍的做法就是以可操控性应计利润（Discretionary Accruals）作为利润操纵的标志，只是在识别可操控性应计利润与非可操控性应计利润的方法不同。先前研究中估计非可操控性应计利润的方法主要有琼斯模型（Jones，1991）以及修正琼斯模型（Dechow等，1995）。

有关IPO盈余管理的研究表明，IPO的发行价格显著影响发行人的资本收益，而发行价格是由发行人与承销商根据公司招股说明书中会计信息所确定的。Rao（1993）的研究分析指出，IPO发行定价是通过承销商运用同行业中已上市公司的市盈率倍数作为参照，再乘以企业自身的每股收益来制定的。由此可见，IPO过程中的财务报表信息可以直接影响IPO的发行定价（Hughes，1986；Titman和Trueman，1986；Krinsky和Rotenberg，1989），那么招股说明书中利润信息与IPO定价之间的显著正相关关系为发行人利用盈余管理以获得更大的融资规模而提供机会。IPO过程中的利润操纵行为对投资者造成的损失更为隐蔽和直接。

2.6 IPO禁售期

在美国股票市场中存在着股票禁售协议。禁售期通常为180天。禁售协议的签订主要是为了防止企业内部人士在IPO完成之后立即出售手中的股票从而保护投资者的利益。Brav和Gompers（2003）的研究结果表明，禁售期不仅可以作为承销商从发行人那里获得额外补偿的机制，也可以作为有关公司质量的信号以及减少道德风险的承诺机制。事实上，Field和Hanka（2001）发现在禁售期期满之后，公司的平均交易量明显增加，甚至会出现负的超额收益。此外，他们还发现当IPO公司的资金来源于风险资本时，上述禁售期期满后的变化将更加明显，这是因为风险投资家在该协议期满后比其他企业管理者和股东的股票抛售力度更大。

3 研究目的和内容

3.1 研究目的

在过去的几十年里，IPO 不仅受到了实务界的热力追捧，同时与 IPO 相关的研究议题也得到了众多学者的高度关注。其中被称为“IPO 两大谜团”的 IPO 抑价和长期股价弱势表现成为研究者们致力解答的议题。同时，也有很多研究人员也非常关注在 IPO 过程中管理层行为所产生的影响（例如，盈余管理）。

近期，先前研究发现 IPO 抑价受到法律制度的影响显著。然而，在 IPO 抑价和法律保护之间有两个相互矛盾的假设。一方面，信息不对称假说所提出的观点认为，越完善的法律保护体系对投资者的保护也会更强劲，这一保护减轻了投资者与发行人之间存在的信息不对称，进而降低 IPO 的抑价程度。另一方面，诉讼风险假说认为，在法律保护体系越完善，保护措施越强有力的国家，该国的上市公司会有强烈的动机利用 IPO 抑价来降低其未来可能面临的诉讼风险。通过对多国数据进行研究，大量的实证结果也为上述两种相悖的结论分别提供了证据。因此，法律保护体系究竟如何影响 IPO 抑价程度，这是一个需要进行深入分析和研究的问题。另外，有学者得出结论股票市场的发展会对未来经济的增长产生重大影响。这是因为上市公司数量的增加可以帮助企业扩大融资范围和加快资本流通能力，进而推动当地经济的增长。作为当地政府而言，希望有更多的本土企业走 IPO 之路成功发行股票，这样地方经济的发展得以推动，地方政府官员也将获得更大的政治升迁机会。因此，地方政府官员有动机通过IPO抑价确保公司成功上市。上述观点也说明了宏观经济发展与IPO抑价之间存在着显著相关关系。但是到目前为止，仍未有研究者关注这一领域。那么，从该角度出发探讨我国IPO抑价的深层原因就具有非常重要的现实意义和理论意义。

对于IPO谜团的另一个议题：IPO的长期股价弱势表现也存在与IPO抑价问题相类似的情况。一些研究结果表明，具有政治关联的企业在经营和投融资决策方面会受到相关的政治干预，这会降低该类型企业的效率，从而影响了上市之后的股价表现。另外，也有许多学者研究发现，政治联系可能会给具有政治关联的企业在很多方面提供优惠福利，推动企业的经营发展，减轻投资者对企业是否出现财务困境与破产可能性的担忧，这一影响会使具有政治关联的企业在上市后的长期过程中有更好的股价表现。尽管关于IPO长期股价表现的研究表明企业的政治关联程度显著地影响了IPO公司上市之后的长期股价表现，但基于上述实证结论的总结，仍然能看出这是一个亟待解决的困境。

关于IPO盈余管理的文献显示，管理者的盈余管理行为受到了诸多因素的影响：管理者所有权比例的下降，审计师与承销商的信誉，公司内部是否设立了审计委员会，公司规模大小，公司经营的时间长短以及公司使用财务杠杆的情况等。然而，关于公司金融方面的实证研究通常受到了内生性问题的影响。因为公司金融领域的研究，包括IPO议题的实证研究通常使用的是横截面数据样本，对于这种类型的样本数据很难处理各变量之间潜在的相关关系。除此之外，有学者研究发现，盈余管理这一行为不仅会出现在IPO过程中，对于那些已经完成IPO的上市公司同样会有使用盈余管理的动机。因此，如何才能确认IPO公司使用盈余管理是为了获得更高的发行价格呢？因为对于公司而言，在不同阶段使用盈余管理是为了实现不同的目标，而对于处于IPO过程的企业而言，想获得更高的发行价格才是其唯一的目的。

3.2 研究动机

尽管有众多先前文献都致力于解释关于IPO的议题，但正如前文所述，在IPO抑价、长期股价弱势表现以及盈余管理等方面仍然存在着相互矛盾的假设和结论。

La Porta等（1997，1998，2002）认为对投资者的法律保护会对金融市场和公司财务行为的发展产生重要影响。虽然先前研究已经证实IPO抑价会受到法律保护程度的极大影响，然而，对于IPO的抑价和法律保护程度之间的关系存在两种不一致的假设。一方面，根据信息不对称假设，强大的投资者保护可能会减轻信息不对称，进而降低IPO抑价程度。而另一方面，Ibbotson（1975），Hughes和

Thakor（1992），以及 Lowry 和 Shu（2002）的研究结果均支持诉讼风险假设，IPO 公司有强烈动机使用低价发行新股来降低未来的诉讼风险，这一现象在有着强有力的法律保护体系的国家尤为明显。近年来，一些学者试图通过使用跨国数据来进一步阐述这个问题（Engelen 和 Essen，2010；Boulton 等，2010；Banerjee 等，2011；Hopp 和 Dreher，2013）。然而，上述跨国研究的结论也并不一致，分别为两种不同的假设提供了证据。因此，法律体系对投资者的保护措施到底如何影响 IPO 抑价这一问题亟待解决。

关于 IPO 抑价，曾有学者得出以下结论：股票市场的发展会对未来经济增长产生重大影响（Arestis 和 Demetriades，1997；Atje 和 Jovanovic，1993；Levine 和 Zervos，1996；Levine，1996；Singh，1993；Rousseau 和 Wachtel，2000；Beck 和 Levine，2003；Caporale et al.，2004）。增加上市公司的数量最终可以通过扩大融资范围和能力加快经济的增长。IPO 企业的资本结构安排能帮助企业有资金可以用来投资具有增值潜力的项目，IPO 为国家和地区提供了注入长期资本的机会。同时，在中国，地方政府官员的晋升与该地区的经济表现直接相关（Chen et al.，2005；Li 和 Zhou，2005）。上述观点均表明，政府具有显著的动机希望通过增加 IPO 的数量来提升地方经济的发展。希望通过研究 IPO 抑价与地区宏观经济发展之间的关系来弥补这一领域的研究空白。

关于 IPO 长期股价弱势表现议题也存在类似的情况。一方面，一些先前研究表明，政府干预可能会降低具有政治关联企业的效率，并对完成 IPO 进程后的股价表现产生负面影响（Shleifer 和 Vishny，1994；Cheung 等，2005；Fan 等，2007）。另一方面，有学者认为政治关联会给具有政治关联度的公司带来优惠待遇，比如可以以更优惠的条件获得银行贷款；在政府采购中胜出；获得受保护行业的垄断利润等。这些好处可以减轻投资者对企业破产的担忧，增强投资者对企业未来发展前景的信心，那么就会产生更好的长期股价表现（Faccio，2006；Faccio 等，2006；Francis 等，2009）。因此可见，政治关联度对长期股价表现有重大影响，但两者之间的关系仍存在疑问和矛盾。

先前研究发现 IPO 盈余管理受到诸多因素的影响：例如管理者持股比例的下降，审计师与承销商的信誉，审计委员会的设置，公司规模、公司的年龄和财务杠杆（Aharony 等，1993；Copley 和 Douthett，2002；Jog 和 McConomy，2003；Darrough 和 Rangan，2005；Morsfield 和 Tan，2006；Fan，2007）。然而，公司金融的实证研究通常都会受到内生性问题的限制，这些潜在的变量的影响很难通过 IPO 研究中所采用的横截面数据来控制。为了避免内生性问题，必须通过比较分析来判断公司特性对 IPO 盈余管理的影响。尽管 Aharony 等（1993）发现，在 IPO 过程中，具有高财务杠杆的公司倾向于操纵收益，但是 Watts 和 Zimmerman（1990）的研究结果却表明，拥有高财务杠杆率的非 IPO 公司也倾向于选择增加当前收益的会计方式，即进行盈余管理操纵。企业采用盈余管理到底是为了获得更高的 IPO 发行价还是为了实现其他不同的目的呢？这是一个亟须回答的问题。

3.3 研究内容

本书将用四个部分的实证研究分别回答上述问题。全书的研究对象为我国 A 股 IPO 公司。我国 IPO 市场在过去的几十年里经历了重大的制度变迁。2005 年以前，中央政府通过配额制和通道制来选择可以发行股票的 IPO 公司，与此相配合的 IPO 定价方式为网上固定价格发行机制。在 2005 年以前，IPO 发行过程受到了我国监管部门特有的监管规定和要求。自 2005 年开始，IPO 发行引入了询价机制，在引入询价机制的同时，上述特有的监管方式均被废除。也是从 2005 年起，在询价机制的框架下，发行人与承销商在 IPO 发行过程中拥有了更多的自由裁量权。因此，我国 IPO 发行制度的重大变迁为研究 IPO 问题提供了天然的试验环境，为深入探讨上述问题提供了重要机会。

网上固定价格发行机制是指通过企业的税后每股收益乘以一个指定的市盈率来确定 IPO 公司的发行价格。由于 IPO 企业在该发行机制下受到的更多的是来自监管方面的要求和规定，因此在该机制下法律保护体系、宏观因素以及公司特征对 IPO 抑价的影响程度会大大降低。但另一方面，由于网上固定价格发行机制为所有 IPO 公司指定了相对固定的市盈率，因此在市盈率水平偏低的情况下，企业想要获得更高的发行价格就必须增加税后每股收益。换言之，网上固定价格发行机制下 IPO 公司为了获得更高的发行价格而有强烈的动机进行盈余管理。然而，在引入了询价机制后，IPO 企业的发行价格以及发行过程不再仅仅受到制度监管方面的影响，在该机制下法律保护、宏观因素以及公司特征都会对 IPO 抑价产生影响。而对于盈余管理来说，由于固定市盈率的取消，使得发行人与承销商在发行价格的确定上拥有了更大的自由裁量权，因此管理者在 IPO 过程中使用盈余管理获得更高发行价格的动机大幅下降。综上所述，IPO 发行定价制度的变迁影响着 IPO 抑价和盈余管理行为。同时，IPO 发行配额制和通道制会激励当地政府官员和承销商选择更多具有政治关联的公司上市。而在引入了询价机制后，更多的无政治关联的公司可能会进入 IPO 市场。因此，我国的 IPO 发行制度变迁也深刻影响了政治关联与 IPO 企业长期股价表现之间的关系。

通过随后的实证分析发现，在废除了固定价格发行机制后，IPO 抑价水平和盈余管理程度显著下降。结果表明，当 IPO 公司所在地的法律保护程度越高，法律体系越完善时，IPO 抑价程度越低。即使在控制了不随时间变化的省份固定效应模型的情况下，法律保护与 IPO 抑价之间的负相关关系也显著存在。同时，研究结果还显示，当 IPO 公司所在省份的经济发展水平越高时，IPO 抑价程度越低。重要的是，上述两种因素与 IPO 抑价之间的负相关趋势在引入询价机制后越发显著。这表明当 IPO 发行定价过程面临的监管与约束越少，那么外在影响因素如法律保护体系、宏观经济增长指标才会显著地影响 IPO 抑价。在对盈余管理的研究分析中，结果显示在固定价格发行机制下，管理者的持股比例，银行债务的可用性，以及 IPO 企业的国有背景都会显著地影响盈余管理水平，但在询价机制时期上述显著关系不再存在。因此，该结果证实了 IPO 企业为了获得更高的发行价格而使用盈余管理的动机受到了管理者持股比例等上述因素的影响。最后，实证研究结果还表明具有政治关联的 IPO 公司有更好的长期股价表现。这是因为在 2005 年之前，我国政府通过配额制和通道制来遴选企业进入上市程序。在此背景下，大量的国有企业（即具有政治关联的企业）被挑选为 IPO 企业。结果显示在配额制和通道制下上市的 IPO 公司与在询价机制下上市的 IPO 公司相比具有更好的长期股价表现。这是由于政治关联性不仅能为企业带来潜在利益，提升公司价值，同时，具有政治关联企业的政治背景极大地降低了上市过程中存在的信息不对称问题，因此，我国特有的 IPO 企业遴选机制使得大量的具有政治关联的公司（国有企业）得以上市，这一结果对我国 IPO 长期股价表现产生了积极影响。

3.4 研究成果和贡献

本书的实证结果显示，在取消网上固定价格发行机制后，IPO 抑价和盈余管理程度显著下降。研究结果显示，即使在控制了我国各省份定常特征的情况下，公司所在地的法律保护体系越发达越完善，IPO 抑价程度越低。然而，法律保护与 IPO 抑价之间的相关趋势只在询价机制期间显著，这表明只有当 IPO 发行确定方式更自由时，法律保护程度才会影响 IPO 抑价。同时，研究结果还显示，经济发展较缓慢的省份，当地企业的 IPO 抑价程度更高。更为重要的是，这种趋势也是在询价机制下显得尤为突出。这是由于询价机制允许发行人与承销商在发行定价方面拥有更多的自由裁量权，以实现其刺激经济发展的内在动机。其次，研究结果显示，IPO 公司在固定价格发行期间，管理层持股、银行债务和政府控制程度会影响盈余管理，但在询价机制阶段并未发现这种关系的存在。上述结果证明受管理层持股、银行债务等因素的影响，我国 IPO 公司为了追求更高的发行价格是盈余管理的动机。最后，实证结果显示，具有政治关联的公司会有更好的长期股价表现。由于在 2000 年至 2004 年期间有大量的具有政治关联的国有企业上市，所以在配额制和通道制下上市的IPO公司比引入询价机制后的IPO公司具有更好的长期股价表现。这表明，配额制和通道制下的IPO选择机制对我国IPO的长期股价表现具有积极影响。

上述研究结论为IPO议题的深入研究工作作出了显著贡献。首先，在IPO抑价的研究中，本书在同质数据设置背景下，通过固定省份效应模型有效地控制了潜在的各种地区间差异的影响，从而得出强有力的证据来证明法律环境显著地影响了IPO抑价。其次，本书展示了重要的证据证明，在一个不受内生性问题影响的研究环境中，管理层持股、银行债务和政府控制程度的降低对IPO公司为获得更高发行价而使用盈余管理的动机产生显著影响。最后，这也是第一次以IPO盈余管理与银行债务之间的相关关系为研究对象的研究成果，并指出财务杠杆率和IPO盈余管理之间的正相关关系可能受到不同目标导向或内生性问题的影响。

4 法律保护与 IPO 抑价

在控制了中国各省份定常特征的情况下，中国的数据适用于研究 IPO 抑价和法律保护程度之间的关系。通过研究我国 1997 年至 2009 年 IPO 企业的抑价原因，本章发现在控制了定常特征以及各省份固定效应的情况下，一家处在具有更完善法律框架地区的公司比处于其他法律框架欠缺地区的公司 IPO 抑价的程度更少。同时发现，IPO 抑价的程度随着法律对产权保护的增加而下降。更重要的是，这些趋势在引入 IPO 询价机制后变得更为明显，因为该发行机制为发行人和承销商在发行价格的确定上提供了更大的自由裁量权。这些结果提供了有力的证据：法律保护减轻了有关公司价值的事前不确定性，从而减缓了 IPO 的抑价水平。

4.1 引言

IPO 抑价现象，表现为显著为正的首日回报率，这种现象存在于众多股票市场中。Loughran 等（1994）发现 IPO 抑价现象存在于 25 个国家的股票市场当中，但各国的抑价程度有所不同。早期众多的 IPO 抑价研究证实美国资本市场存在 IPO 抑价现象（Reilly 和 Hatfield，1969；McDonald 和 Fisher，1972；Logue，1973；Ibbotson，1975；Ibbotson 和 Jaffe，1975；Ritter，1984；Ritter，1991）。Ritter（1991）发现美国 1975 年至 1984 年上市的 1526 家上市公司存在 14.3% 的抑价。IPO 抑价现象也被证实存在于亚洲股票市场，例如日本（Beckmanet 等，2001；Kirkulak 和 Davis，2005），中国香港（McGuinness，1992），新加坡（Saunders 和 Lim，1990），韩国（Kim 等人，1993）等。在金融研究中，尽管众多学者一直致力于研究这个问题，但是 IPO 抑价的存在仍然是个谜题（Beatty 和 Ritter，1986；Rock，1986；Allen 和 Faulhaber，1989；Levis，1990；Brennan 和 Franks，1997；Rydqvist，1997；Lowry 和 Shu，2002）。

La Porta 等（1997，1998，2002）提出，法律对投资者的保护会高度影响金融市场的发展和公司融资行为。许多学者也发现，法律保护程度会对 IPO 抑价产生影响（Ibbotson，1975；Hughes 和 Thakor，1992；Lowry 和 Shu，2002）。Ritter（1984），Beatty 和 Ritter（1986）以及 Rock（1986）提出了信息不对称理论，实证发现信息不对称与 IPO 抑价程度有关。强有力的投资者保护能减缓信息不对称程度，从而减少抑价（例如有效的信息披露可以减缓由于信息不对称所带来的问题）。Engelen 和 Essen（2010）实证发现一个国家法律框架的质量会显著减少抑价的发生程度。另外，Ibbotson（1975），Hughes 和 Thakor（1992），和 Lowry 和 Shu（2002）发现上市公司使用抑价作为减少未来诉讼风险的手段，特别是在那些有着完善法律保护体系的国家，上市公司更多地使用抑价来防止诉讼风险，这被称为诉讼风险假设。Boulton 等（2010）和 Banerjee 等（2011）的实证研究结果支持了诉讼风险假设，他们发现法律资源的可得性和 IPO 抑价存在正相关关系。

我们需要辩证地看待上述跨国实证研究的结果。这些实质性差异的背后可能隐藏着许多难以察觉的因素以及各国法律保护指标中那些非法律特征（例如文化、民族多样性和风险厌恶程度）（Hofstede，2001；Hope，2003；Chui 等，2002，2010）。同时，使用跨国指标进行实证研究还存在等权重误差的问题，该问题表现为跨国样本中的小国如大国一般以同样的权重进行指标计算（Allen 等，2005）①。大部分的先前研究中使用的是 La Porta 等（1998），Kaufmann（2004）以及 Djankov 等（2008）所计算出的法律保护指标。这些指标最大的缺陷就是不随时间变化而进行指标值的调整，因此，该类指标并不能用在控制不随时间变化的非法律特征的情况下对投资者法律保护与 IPO 抑价之间关系的研究。因此，法律环境是否影响 IPO 抑价仍然是个未解之谜。

本章主要研究的是单一国家法律环境和 IPO 抑价之间的关系。中国 IPO 数据为解释这一关系提供了有价值的研究机会。尽管中国一国数据与先前研究中的多国数据相比，在文化和民族的特征方面缺乏多样性，但是由于历史和地理原因，我国在不同省份之间的法律环境上表现出很大的异质性（Qian 和 Weingast，1997；Jin 等，2005）。在我国，沿海省份（东部地区）相比内陆省份（中西部地区）在

---

① Allen et al.（2005）也指出之前许多跨国的研究剔除了一个非常重要的发展中国家，中国。

法律保护体系建设的深度和广度上更完善更具体。对于我国的法律发展指标，最有影响力的莫过于樊纲指数。樊纲等（2001，2011）通过报告的形式公布了我国中介组织的发育与法律制度环境指数，以省份和年度为划分依据的法律保护指数允许本章采用省份固定效用模型来研究分析法律保护和 IPO 抑价之间的相关性。更重要的是，随着 1993 年《公司法》与 1998 年《证券法》的颁布实施，中国的法律保护体系获得了显著的发展。因此，我国的 IPO 数据在更加同质环境中为研究该议题创造了优质的实验机制。

首日回报率是由股票发行价格和首日交易价格共同决定的。IPO 抑价的实证研究通常假设首日交易价格是有效的，所以过高的首日回报率应归因于较低的发行价格。那么，法律因素影响 IPO 抑价到底影响的是股票发行价格还是首日交易价格呢？想要对法律因素最终影响的是发行价格而不是首日交易价格作出准确判断并非易事。但值得注意的是，我国 IPO 市场经历了重大制度变迁，这一外生因素为准确回答这一问题提供了可能。在 2004 年及以前，我国新股发行采用的是网上固定价格发行机制，发行价格由每股税后收益乘以固定市盈率（Liu 等，2012）。在这种定价发行方式下，法律保护和公司特征对 IPO 抑价的影响程度低。但是，2005 年起我国 IPO 市场采用询价机制发行，在这种发行机制下发行价格的确定不再受到那么严格的监管，因此 IPO 抑价会受到各种因素的影响。如果法律因素是影响发行价格的一个重要决定性因素，那么本章的结果发现法律保护和 IPO 抑价之间存在的显著关系只会出现在询价机制实行之后。

本章以 1997 年至 2009 年上海股票交易所和深圳股票交易所上市发行的 963 只 IPO 公司为样本来研究我国 IPO 抑价和法律保护之间的关系。结果表明，我国 IPO 经市场调整后的首日回报率均值为 123.02%，而即使在控制了时间不变的省份固定效应模型的情况下，来自法律框架较为完善省份的 IPO 公司的抑价程度相对较低。该结果支持了 Engelen 和 Essen（2010）的观点，抑价程度随着法律对产权保护的增强而降低。更为重要的是这些趋势只出现在询价机制实施之后，这一结果表明法律框架影响的是发行价格而非首日交易价格。以上研究结论为法律体系通过减少产权保护的事前不确定性从而降低 IPO 抑价水平这一观点提供了强有力的证据（Ritter，1984；Beatty 和 Ritter，1986；Rock，1986；Claessens 和 Laeven，2003；Cull 和 Xu，2005；Berger 和 Udell，2006；Engelen 和 Essen，2010）。

上述研究结论的学术贡献表现在以下几个方面：首先，本章采用的是中国一国同质数据，这避免了跨国研究中出现的偏差，为法律环境与 IPO 抑价间的相关关系的研究提供了稳健证据。该结果表明一个重要的政策含义：法律体系的不断完善可以显著降低 IPO 公司的成本（抑价）。其次，固定省份效应模型为解释法律保护的作用提供了强有力的证据，因为该模型成功控制了无法观测到的时间不变性和地区差异性。最后，本章研究发现法律保护影响抑价水平是通过产权保护这一特定机制来实现的。换言之，关于产权的事前不确定性应被视为一个与抑价相关的重要因素，而这种现象普遍存在于全球范围内。

4.2 研究背景

我国1978年改革开放，作为经济改革的重要组成部分，1990年先后成立了上海股票交易所和深圳股票交易所。由此作为政府对IPO过程实施监管的开端。1993年，我国政府采用配额制来挑选企业上市。中国证券监督管理委员会（中国证监会）运用额度指标管理的审批制度，即将额度指标下达至省级政府或行业主管部门，由其在指标限度内推荐企业，再由中国证监会审批企业发行股票（Chi和Padgett，2005）。从2001年至2004年，IPO发行采用的发行机制是通道制，证监会确定各家综合类证券公司所拥有的发股通道数量，证券公司按照发行一家再上报一家的程序来推荐发股公司的制度。在上述发行制度安排下，最普遍的发行定价方法是网上固定价格发行方式，发行价格为每股税后收益乘以固定市盈率①。因此，公司的不同特征（除了每股收益外）以及环境因素对IPO发行价格的影响较小，即对IPO抑价影响小。但是，我国政府在2005年对IPO发行价格取消审批制，实行询价制。与此同时，网上固定价格发行方式也被废除，在询价机制下，发行人和承销商对于发行价格的确定拥有了更多的决定权（Liu等，2014）。在询价制这种更为市场化的机制下，IPO公司的特性和环境因素将对其发行价格（抑价）产生显著影响。

精细严密的法律环境会潜在地影响并促进经济的发展。我国政府意识到建立一个有效的法律体系对于资本市场的发展具有重要的作用。自从股票市场建立以来，我国在致力于完善法律体系以保护各方经济参与者方面经历了长足发展。一系列法律机构（如专业律师服务机构）以及司法机关（法院）在各大城市纷纷建立。截至2010年8月，我国已经颁布实施了240条宪法法律条文，740项行政法规及制度，以及超过8600条地方性法规②。尽管任何法律、行政制度和地方法规都必须服从于宪法，但是地方性法规是中国法律体系中重要组成部分。宪法委托

① 在1999年之前市盈率固定为15，从1999年1月起市盈率增加至50，在2002年之后减少至20。

② 数据来自中华人民共和国2011年10月27日国务院新闻办公室发布的白皮书（中国特色社会主义法律体系）：http：//www. gov. cn/jrzg/2011 -10/27/content_1979498. htm.

省级人民代表大会和委员会制定符合省情的地方法规①。从现行有效的8000多部地方性法规来看，不论在总体数量上，还是在实际功能上，都确立了其在中国特色社会主义法律体系中的独特地位。

重要的是，我国的31个省份在投资者保护方面都有着各自不同的法律体系（Qian和Weingast，1997；Jin等，2005）。由于历史和地理原因，沿海省份（东部地区）相比内陆省份（中西部地区）经历了较为快速的经济和法律构建的发展②。因此，我国的法律保护程度在各省份之间表现出广泛的异质性。以知识产权保护为例，2010年上海率先建立了知识产权质押评估管理体系，推动浦东、徐汇、闵行、杨浦等区开展试点。截至2011年，68家上海企业发行了69个知识产权质押贷款，总价值为18490亿元人民币。上海市版权局在全国率先研究编制、发布了地方的版权产业报告，并成立了上海版权服务中心、版权纠纷调解中心以及上海版权交易中心。上海版权交易中心完成融资、版权转让、咨询服务等各类版权综合交易29亿元③。在2012年，上海专利申请和授权的数量分别达到82682笔和51508笔。同年，上海市全市法院受理审理的知识产权民事案件有3977起，审结3968起④。

江苏省与上海市有相似的情况。近年来江苏省也大力提升知识产权保护方面的法律环境⑤。为了提高知识产权保护的质量，江苏省高级人民法院于2009年建立了省级知识产权技术鉴定专业银行，同时，不断加强知识产权保护机构和团队的建设。因此，江苏省拥有16所可以进行知识产权案件审理的法院，占全省法院总数的六分之一⑥。2012年，江苏省法院受理审理知识产权相关的案件9175起，其中8526起审结。同年，江苏省全省专利申请和捐赠的数量居全国第一：472656起专利申请（占总数的24.72%）；269944起专利捐赠（占总数的23.21%）⑦。

---

① 经济特区也被授权颁布和执行其相应的地方法规。

② 东部地区由11个省（市）组成：北京、天津、河北、辽宁、上海、江苏、浙江、福建、山东、广东和海南。中部地区包括陕西、吉林、黑龙江、安徽、江西、河南、湖北和湖南（8个省）。西部地区包括（12个省市）：四川、重庆、贵州、云南、西藏、山西、甘肃、青海、宁夏、新疆、广西和内蒙古。

③ 数据来自上海知识产权联席会议办公室2011年4月20日发布的白皮书（2010年上海知识产权保护）：http：//www. sipa. gov. cn/gb/zscq/node2/node23/userobject1ai8660. html.

④ 数据来自上海知识产权联席会议办公室2013年4月27日发布的白皮书（2012年上海知识产权保护）：http：//www. sipa. gov. cn/gb/zscq/node2/node26/node253/userobject1ai10019. html.

⑤ 广东、上海、北京、浙江、江苏和山东是过去十年专利申请前六的省份。

⑥ 数据来自江苏省人民政府知识产权联席会议发表的白皮书（2009年江苏省知识产权发展和保护情况）：http：//www. jsip. gov. cn/wcm/webpage/zwgk/more. jsp? info_id = 12500.

⑦ 数据来自江苏省人民政府知识产权联席会议办公室发布的白皮书（2012年江苏省知识产权发展和保护情况）：http：//www. jsip. gov. cn/wcm/upload/infoopen/upload_8011087. pdf.

与此相反，西部省份在产权保护方面较为落后。例如西部省份贵州，在2012年仅有11296起专利申请提交，其中6054起授权批准。同年，贵州法院审判与知识产权相关的民事案件仅有600起，其中审结598起①。

樊纲等学者自2001年起开始编制中国市场化指数（NERI指数），在国民经济研究所（NERI）和中国改革基金会的支持下，NERI指数反映了我国31个省份的市场化进程。法律制度环境评分是NERI指数的组成部分，包括以下四个部分：（1）市场中介组织的发育（包括律师和会计师的服务条件；行业协会对企业的帮助程度；技术服务和出口的条件）；（2）对生产者的合法权益的保护（经济犯罪数量占各省GDP的比值）；（3）知识产权保护（专利申请受理量与科技人员数的比值）；（4）消费者权益保护（消费者协会收到的消费者投诉数量与各省GDP总量的比值）。这些指数通过引入省级GDP数值，在指数编制过程中将地方经济发展考虑在内。NERI指数利用各个省份的第一手数据构建以上四个指标的原始分值。从市场中介组织的发育和知识产权保护来看，这两个指标的分值越高表明法律体系的发展越完善。因此，樊纲等人在2001年的中国市场化指数中构建了市场中介组织发育与知识产权保护两大指标的标准化省级法律环境得分（PScore），这类指标的数值大小与法律发展完善程度呈正相关，计算指标得分的方法如下：

$$PScore = \frac{RScore - RScore_{min}}{RScore_{max} - RScore_{min}} \times 10 \tag{1}$$

其中，$RScore$是各省市场中介组织发育与知识产权保护的原始分值；$RScore_{max}$是与所有31个省份基年（2001）市场中介组织发育与知识产权保护两大指标相对应的原始分值中数值最大的一个；$RScore_{min}$则是最小的一个。2001年为基年，上述两大指标原始分值的最小值和最大值分别设定为0和10。换言之，就一个单项指标而言，在基期年份市场化程度最高的省份得分为10，最低的省份得分为0。每一指标在其他年份的分值根据基年分值进行调整，单项指数经过跨年度变化后大于0或小于10。

与此相反，对生产者的合法权益的保护和消费者权益保护（经济犯罪和消费者投诉）这两大指标的分值越高表明法律环境越不完善。这两类指标的数值大小与法律发展完善程度呈负相关，樊纲等人在2001年的报告中按照如下方法计算这两项指标的PScore：

$$PScore = \frac{RScore_{max} - RScore}{RScore_{max} - RScore_{min}} \times 10 \tag{2}$$

① 数据来自贵州省知识产权局2013年5月2日发布的白皮书（2012年贵州省知识产权保护）：http：//www.gzsipo.gov.cn/ztxx/display.asp？id=238.

因此，经过上述处理，*PScore* 所代表的四项指标均与法律环境发展程度呈正相关关系，即得分越高，法律保护越完善。总法律环境分值（法律框架指数）在这四项指标的得分基础上采用算术平均法进行计算。

NERI 指数的编写仍在继续，樊纲等人于 2011 年按照 2001 年报告编制的方法构建了我国 31 个省份 1997 年至 2009 年的制度环境指数。在 2011 年的报告中，樊纲等人更新了 2003 年及以后的对生产者的合法权益的保护这项指标分值的计算方法。从 2003 年开始，采用企业抽样调查所提供的各地企业对当地司法和行政执法机关公正执法和执法效率的评价来度量各地企业所面临的法制环境。再获得原始数据后，使用公式（1）计算对生产者的合法权益的保护这项指标的 PScore。在本书的后面部分会讨论这种计算方法变化所带来的潜在偏差。

附录 1 呈现的是 2011 年 NERI 指数报告中所计算的各省 1997 年至 2009 年法律框架指数的时间序列均值。从表中可以看到上海的法律制度环境在全国范围内最为完善（该指数为 11.056）；而位于西部地区的新疆则获得最低的法律环境得分（2.214）。附录 2 呈现的是随着时间的推移，所有地区的总法律制度环境得分不断提高。全国的法律制度环境分值的均值从 1997 年的 2.37 增长至 2009 年的 7.91。其中更为重要的是，东部地区的法律制度环境分值最高，其次是中部地区，最后是西部地区。从附录 2 中也可以看到，东部地区在法律制度环境方面经历了最快的发展与提升（从 1997 年的 3.15 增长至 2009 年的 12.37），而西部地区的该得分在这一时期仅增长了 2.94。以上数据所展示的结论与我国法律体系经历巨大发展的传统观念是一致的（例如许多规章制度建立），但是在发展过程中中西部地区仍落后于东部地区。换句话说，2011 年 NERI 指数的计算准确把握了我国各省的法律制度环境情况。附录 2 还展示了法律制度环境下四项指标的分值，分指标值也表明我国法律保护在四个维度都经历了较大的提升，其中仍属东部地区发展最快。

4.3　文献综述

先前研究提出了基于信息非对称理论的抑价研究。这些研究假设，一部分投资者缺乏充分的信息来判断发行人质量，因此，发行人需要设立一个较低的发行价格来减少信息不对称程度（Ritter，1984；Beatty 和 Ritter，1986；Rock，1986；Ljungqvist，2007）。Ljungqvist（2007）认为制度因素也会影响抑价的程度。位于有效法律保护地区的公司信息披露更加透明，从而减少信息非对称的影响。La Porta 等（2002）证实当法律保护体系更完善时，投资者更愿意购买更多的金融资产。由此产生了一个推测，IPO 抑价与投资者保护负相关。确实，法律与金融的文献都表明法律体系保护越有效越能减少抑价程度（Ibbotson，1975；Hughes 和 Thakor，1992；Lowry 和 Shu，2002；Engelen 和 Essen，2010；Boulton 等，2010；Banerjee 等，2011；Hopp 和 Dreher，2013）。在 La Porta 等（1998），Kaufmann（2004），Kaufmann 等（2005）和 Djankov 等（2008）的研究基础上，Engelen 和 Essen（2010）发现，在 2000 年至 2005 年，21 个国家的 2920 家企业的 IPO 抑价情况与当地法律执行质量呈负相关关系。

相反，强有力的法律保护将增加诉讼风险。如果发行人和承销人在招股说明书中夸大了潜在收益或低估了潜在损失，这将会触发对他们的法律诉讼。Lowry 和 Shu（2002）估计由于违反 IPO 各种相关规定，在 1988 年至 1995 年有 5.8% 的美国上市公司被起诉，平均成本达到 400 万美元（近 13% 的 IPO 融资额）。

由于诉讼费用的高昂，管理者有强烈动机去避免这种费用的产生。正是出于这个原因，发行人和承销人会在上市前进行一些调查，涉及公司经营、融资、管理及财务等这些会在招股说明书中进行披露的各个方面。但是，在上市之前对公司的所有方面进行准确细致的评估与调查非常困难，所以避免这种成本并非易事（Lowry 和 Shu，2002）。在这种情况下，抑价就成为避免诉讼风险的一种保障方式。实际上，Boulton 等（2010）和 Banerjee 等（2011）发现，上市公司使用抑价来减少未来被起诉的风险，这种情况在具有发达法律保护体系的国家显得尤为突出。这一理论被称为诉讼风险理论。Boulton 等（2010）以 29 个国家的 4462 家上市公司为样本研究这些上市公司在 2000 年至 2004 年的抑价情况，结果表明抑价水平和法律执行质量呈正相关。这一结论得到了众多学者研究结论的支持，包括 LaPorta 等（1998，2006）；Kaufmann（2004）；Marshall 和 Aggers（2000）；Dyck 和 Zingales（2004）以及 Djankov 等（2008）。Banerjee 等（2011）发现在 2000 年至 2006 年 36 个国家 8776 家公司在首日公开发行中的抑价程度与法律执行质量正相关，这一结论也被 La Porta 等（1998，2006）和 Djankov 等（2008）所证实。

对于以上研究结果要辩证来看。因为先前研究所使用的法律保护指数主要是来自 LaPorta 等（1998），Kaufmann（2004），Kaufmann 等（2005），以及 Djankov 等（2008）所提出的法律保护指数。这些著名的法律保护指数在编制时都将时间固定，这种时间不变的编制方式很有可能引起潜在误差。因为从某种程度上来讲，该法律保护指数受到了不随时间变化的各国非法律特征的影响。Allen 等人（2005）指出一些较小的同质型国家（如约旦和厄瓜多尔）相比于其他的较大的多元化国家（如印度）有更有效的法律体系，因为法律体系需要不断调整来满足国家的需求，而同质型的小国家能更及时更准确地调整法律体系来满足国家的需求。根据以上结论，如果本章仍旧使用这些著名的法律保护指数的话，将很难辨别 IPO 公司的抑价受到的影响到底是来自法律保护还是不同国家的规模和同质性。

法律环境是否影响抑价仍然是一个未解之谜。正如前文所提到的，2011 年樊纲等人编制了我国 31 个省份随时间变化的法律制度环境指数。这一指数为本章采用省份固定效应模型来研究法律保护和抑价之间的关系提供了可能性；同时，为本章采用单一国家中国作为研究样本提供了可能，而相较于以多国为样本的跨国研究，单个国家数据让本章的研究在一个同质的环境背景下得以开展。中国数据的另外一个重要特征就是使本章能准确地研究法律环境对抑价的影响：IPO 抑价的研究难度在于如何辨别抑价问题是由较低的发行价引起的还是由较高的首日交易价而引起的。而本章很有可能得出一个不正确的结论，在一个发达的法律环境下当投资者哄抬 IPO 股价到一个非常高的程度时，良好的法律环境将减少抑价程度①。正如 4.2 节所讨论的，在 2005 年之前，我国 IPO 的发行价格采用的是网上固定价格发行方式，在这种定价方式下，公司特征和制度环境对 IPO 抑价的影响是非常有限的。而在询价制度实行后，法律环境对抑价有明显影响。如果本章发现法律保护对首日回报率有显著影响这种结论只存在于询价制实行之后，那么就可以排除首日交易价格与法律保护相关的可能性。

4.4 样本和变量的选择

4.4.1 样本选择

本章分析了 1997 年至 2009 年在上海股票交易所和深圳股票交易所的上市的中国 A 股企业首日公开发行情况，且使用的是来自中国经济研究中心数据库（CCER 数据库）的 IPO 数据。正如前所述，法律框架指数来自 2011 年 NERI 指数。这个指数同样被很多学者使用过，如 Chen 等（2006），Wang 等（2008），Firth 等（2009）和 Wu 等（2009）。重要的是，NERI 指数从 1997 年起每年为我国各个省份的法律制度环境计算出一个分值，随着时间变化的分值的编制目的在于将各省份法律保护的发展过程囊括在分值中。在这一指数体系中，较高的分值代表着较发达的法律保护体系。与 La Porta 等（1998），Kaufmann（2004）和 Djankov 等所提出的著名的法律保护指数相比，NERI 指数中的我国各省法律制度环境指数的时间变化特性允许本章研究我国法律保护发展进程对 IPO 抑价的影响。

① 如果股票市场在发达法律环境对 IPO 公司成长的影响作用上过度乐观的时候，这种情况将更加明显。

同时，本章从 IPO 公司招股说明书中收集了 1998 年之前公司所有权结构和增发新股的数据。本章样本的时间跨度覆盖了配额制、通道制以及询价制。这使本章可以在不同发行价格决定方法下研究法律环境和抑价程度的敏感性关系。本章的样本中不包括发行 B 股的 IPO 企业，因为从 2000 年才开始允许企业发行 B 股；而且与 A 股相比，B 股 IPO 企业的发行规模小、流动性差，因此 B 股 IPO 企业并没有加入本章的样本中。另外在去除了缺失变量的企业之后，最终得到 963 家上市公司样本，其中 403 家在上交所上市，560 家在深交所上市。

表 4－1　　　　样本分布

IPO 年份	IPO 数量			
	上交所	深交所	合计	（%）
面板 A：年度分布				
1997	79	105	184	19.11
1998	50	45	95	9.87
1999	45	51	96	9.97
2000	85	46	131	13.60
2001	72	0	72	7.48
2002	24	0	24	2.49
2003	2	0	2	0.21
2004	0	1	1	0.10
2005	0	0	0	0.00
2006	13	52	65	6.75
2007	23	100	123	12.77
2008	5	71	76	7.89
2009	5	89	94	9.76
合计	403	560	963	100.00
面板 B：不同发行制度期间的样本分布				
在网上固定价格发行机制下的 IPO 数量	357	248	605	62.82
在询价机制下的 IPO 数量	46	312	358	37.18
合计	403	560	963	100.00

续表

	IPO 数量			
	上交所	深交所	合计	(%)
面板 C：行业和区域分布				
行业	东部地区	中部地区	西部地区	合计
农、渔、畜牧业	12	7	8	27
矿业	12	9	5	26
制造业	260	108	104	472
电力、天然气和水	14	9	7	30
建筑业	16	2	4	22
运输和仓储	34	5	4	43
信息产业	7	2	2	11
批发和零售业	26	6	3	35
金融和保险业	20	1	1	22
房地产	21	9	5	35
社会服务	12	4	7	23
媒体业	4	0	0	4
综合行业	8	3	2	13
高科技产业	139	35	26	200
合计	585	200	178	963

注：本表显示的是样本分布情况。面板 A 表示的是 IPO 年度分布情况，面板 B 显示的是不同发行制度期间的样本分布，面板 C 显示的是不同行业和区域的样本分布情况。本章的样本包括 1997—2009 年在上海股票交易所（上交所）和深圳股票交易所（深交所）上市的 963 家公司。

表4－1 的面板 A 展示的是样本的年度分布。在这 13 年的跨度中，IPO 市场在 1997 年、2000 年和 2007 年最为活跃。面板 B 描述了在不同发行定价制度下的样本分布。样本中有超过一半的上市公司是在固定价格发行制度期间上市的。面板 C 展示了不同行业和地区的样本分布。表4－1 中的行业分类在遵循中国国家统计局的行业分类标准的情况下，增加了高科技产业。先前研究表明由于高科技产业[①]受到信息非对称的影响，因此具有较高的抑价水平。在本章的样本数据中，有 200 家 IPO 公司属于高科技产业，其中 139 家 IPO 公司（占 69.5%）来自东部省份。以上数据表明东部地区的 IPO 公司主要以科技公司为主。作为其他非高科技公司，制造业企业是样本的另一重要组成部分（约 55% 的制造业企业位于东部地区，而

① 高科技产业包括：信息化学物质制造、医药制造业、医疗设备和仪器制造、航空航天和飞机制造、通信设备、IT 和其他电子设备制造业以及社会服务。本章的分析中将高科技产业公司提取出来作为单独的研究对象（制造业、IT、社会服务）。

中西部地区上市的企业大多为处于农业、渔业和畜牧业，矿业和电力、煤气和水行业的企业。

4.4.2 IPO抑价的衡量

为与先前研究的计算方式保持一致（Mok和Hui，1998；Chan等，2004；Chi和Padgett，2005；Guo和Brooks，2008），本章中以相对于发行价格而言的首日回报率作为测量IPO抑价程度的方法，采用的是经市场调整后的初始回报率：

$$ADIR_i = (P_{i1} - P_{i0})/P_{i0} - (P_{m1} - P_{m0})/P_{m0} \quad (3)$$

其中，$ADIR_i$为股票i经市场调整的初始回报率（变量定义参见表4-2）。下标i和m分别代表不同的公司和市场：P_m是指上交所A股综合指数或者深交所A股综合指数的收盘价。小标1和0分别代表IPO股票首个交易日和发行日。

表4-2　　变量定义

变量	定义
IR	原始首日回报率：（首个交易日的收盘价-发行价）/发行价）
ADIR	经市场调整的首日回报率
LEGAL	2011年中国市场化进程报告中编制的法律制度环境指数
INTERMEDIARY	2011年中国市场化进程报告中编制的市场中介组织的发育指数
PROPERTY	2011年中国市场化进程报告中编制的对生产者合法权益的保护指数
INTELLECTUAL	2011年中国市场化进程报告中编制的知识产权保护指数
CONSUMER	2011年中国市场化进程报告中编制的消费者权益保护指数
BOOKBUILD	虚拟变量：IPO发行期在2005年至2009年之间的取值为1，其余（固定价格发行定价时期）为0
LOTTERY	IPO中签率
SEO	虚拟变量：当IPO公司在上市后两年里增发则取值为1，其余取值为0
M_RETURN	发行日与上市交易日之间的市场回报
AGE	公司上市时的经营年限
UNDERWRITER	虚拟变量：当公司上市由排名前五的承销商承销时，取值为1，其余为0
SOE	虚拟变量：IPO企业的绝对控股人为政府控股则赋值为1，其余为0
RETAIN	IPO企业上市当年国有股的占比
P/E	市盈率
LNOFFERNUM	股票发行数量的自然对数
B_SHARE	虚拟变量：IPO公司发行B股则取值为1，其余为0
HIGHTEC	虚拟变量：上市公司属于高科技产业取值为1，其余为0
HOTMARKET	虚拟变量：样本年份中平均ADIR值大于100%的年份取值为1，其余为0

表4－3展示的是关于经市场调整的初始回报（抑价）的统计信息。计算结果表示，我国IPO企业的平均抑价水平为123.02%，在1%的统计检验水平下显著不为零。同时按照不同年份计算的IPO抑价平均水平及其中位数也是显著的。

表4－3　　　　IPO抑价的描述性统计

IPO年份	ADIR							
	均值（%）	T检验	中位数（%）	Z检验	最小值（%）	标准差（%）	最大值（%）	个数
1997	140.21	25.33***	126.74	11.76***	－3.03	75.08	464.25	184
1998	123.56	13.60***	113.42	8.24***	－130.14	88.57	428.31	95
1999	101.84	10.07***	86.48	8.49***	－3.42	99.06	820.50	96
2000	151.45	20.46***	140.74	9.93***	19.59	74.70	476.35	131
2001	126.08	11.01***	123.33	4.94***	－158.38	97.14	413.56	72
2002	135.52	7.90***	104.07	4.29***	40.58	84.09	310.48	14
2003	16.06	1.53	16.06	1.34	5.57	14.84	26.56	2
2004	74.64	—	74.64	1.00	74.64	—	74.64	1
2005								0
2006	75.96	12.39***	69.26	7.00***	－1.25	49.41	327.45	65
2007	162.25	17.38***	143.27	9.62***	27.39	103.51	525.45	123
2008	97.70	11.16***	78.11	7.54***	－15.33	76.35	347.68	76
2009	69.76	16.62***	68.76	8.42***	5.19	40.69	206.91	94
合计	123.02	43.52***	103.80	26.67***	－158.38	87.72	820.50	963

注：本表展现的是经市场调整后的首日回报率（IPO抑价）的均值和中位数。T检验（z检验）中原假设均为ADIR的均值（中位数）为零。详情见表4－2的变量定义。

*** 表示通过了1%的显著性水平检验。

4.4.3 控制变量

一些传统模型用信息非对称理论解释IPO抑价，例如赢者诅咒理论（Rock，1986；Levis，1990）；事前不确定性理论（Ritter，1984；Beatty和Ritter，1986）；信号理论（Allen和Faulhaber，1989；Grinblatt和Hwang，1989；Welch，1989）。这些模型在中国也得到了验证（Mok和Hui，1998；Su和Fleisher，1999；Chi和Padgett，2005；Yu和Tse，2006）。在赢者诅咒中，Rock（1986）假设IPO市场中存在两类潜在投资者："完全信息占有者"和"不完全信息占有者"的投资者。完全信息占有者只会投资具有吸引力的IPO公司，而不完全信息占有者会任意地投资所有新上市的股票。因此，不完全信息占有者在投资较好的IPO公司中面对来自完全信息占有者的竞争，因此他们获得较差公司股票的可能性变高。而一旦不完全信息占有者意识到自己在优质股票竞争中的劣势，他们会选择用脚投票离开一级市场。因此，为了确保不完全信息占有的投资者能继续参与到一级市场中，不完全信息占有者在股票投资中所获得的首日回报率必须很高。在本章随后的实证分析中，采用购买新股的中签率作为赢者诅咒理论的代理变量。结合先前研究的结论（Guo 和 Brooks，2008），本章假设中签率与抑价程度负相关。表 4 – 4 中的面板 B 表明，我国 IPO 的平均中签率为 0.008%。

表 4 – 4　　各变量的描述性统计

面板 A：虚拟变量

	赋值为 1 的公司数量	赋值为 0 的公司数量
BOOKBUILD	358	605
SEO	214	749
SOE	538	425
B_SHARE	12	951
UNDERWRITER	99	864
HIGHTEC	200	763

面板 B：非虚拟量

	均值	标准差	最小值	中位数	最大值	样本个数
LOTTERY（%）	0.008	0.014	0.000	0.004	0.137	963
M_RETURN	–0.004	0.627	–0.935	–0.178	4.328	963
发行量（百万）	162.338	794.912	10.000	45.000	14950.000	963
P/E	24.531	12.873	0.000	20.580	98.670	963
RETAIN（%）	37.488	29.548	0.000	44.272	86.286	963
AGE	3.677	3.535	0.000	3.000	20.000	963

注：本表展示的是除因变量 ADIR 之外所有自变量的描述性统计。面板 A 展示的是虚拟变量，面板 B 是非虚拟变量。详情见表 4 – 2 的变量定义。

Ritter（1984）、Beatty 和 Ritter（1986）认为 IPO 抑价会随着发行的事前不确定性的增加而上升。沿用先前研究中的方法，本章采用以下三项变量作为发行前不确定性的代理变量：IPO 发行日和上市交易日之间的市场回报（M_RETURN）（Ritter，1984；Clarkson 和 Merkley，1994；Yu 和 Tse，2006）；发行时的公司年龄（AGE）（Ritter，1984；Megginson 和 Weiss，1991）；承销商的声誉（Beatty 和 Ritter，1986；Carter 和 Manaster，1990）。本章样本的平均 M_RETURN 是 0.4%（表 4 – 4 的面板 B）。而关于承销商质量的准确测量比较困难，因为我国企业在 IPO 过程中选择的证券公司均为国有控股企业，很难判断这些证券公司的质量和声誉（Chen

等，2004；Yu和Tse，2006）。因此，本章采用的是Francis等人（2009）所使用的方法，首先，按照IPO融资额度由大到小进行排序，取前100家最大的IPO企业并观察这100家IPO企业所选择的证券公司，再对证券公司在100家企业上市中承销的频率进行排序，前5名的证券公司为声誉和质量较好的承销商。由此构建关于承销商声誉的虚拟变量（UNDERWRITER），如果选择的是排名前五名的承销商的IPO企业，则虚拟变量取值为1，其余的取值为0。表4－4的面板A显示本章的样本中只有99家上市公司选择了排名前五名的承销商作为保荐机构上市。Allen和Faulhaber（1989），Grinblatt和Hwang（1989），Welch（1989）提出了IPO抑价的信号理论，在考虑了发行人、承销商和投资者三方的信息配置问题的基础上提出相关假设：假设发行人比投资者拥有更多的新股内在价值信息，所以IPO抑价是发行人向投资者传递内在价值的信号，即质量好的企业通过IPO抑价来区分他们自身与质量差的企业。同时对于那些IPO完成后有再融资（SEO）需求的企业，IPO抑价的信号作用能更好地帮助企业最大化再融资的收益，因为IPO抑价传递给了投资者企业质量的正面信号，也是对再融资参与者的补偿。因此信号理论认为IPO抑价和上市公司增发正相关。虽然Su和Fleisher（1999），Chen等（2004）认为信号理论同样可以解释中国的IPO情况，但是Yu和Tse（2006）却得出了相反的结论，认为信号理论不能解释中国IPO抑价情况。为了解释这一问题，本章引入了一个虚拟变量来控制信号理论的影响，当IPO公司在上市随后的两年内完成了再融资增发，则虚拟变量取值为1，其余赋值为0。表4－4的面板A显示了有214家（22.22%）IPO公司在随后的两年内实现了再融资。

很多关注中国问题的先前研究表明，我国股市的IPO抑价程度高是由我国股市特有性质决定的（Mok和Hui，1998；Chau等，1999；Su和Fleisher，1999；Chenet al.，2004；Chi和Padgett，2005；Guo和Brooks，2008；Cheung等，2009）。Cheung等人（2009）提出我国固定价格发行方式，即由监管者设定的固定市盈率很大程度上导致了我国IPO的高抑价。从这些结论出发，可以得到另一个假设：，固定价格发行方式废除之后，即开始实行询价制，我国IPO的抑价程度会降低。为了验证这个假设，本章引入了一个虚拟变量来控制发行制度对抑价程度的影响（BOOKBUILD），询价制度下的所有IPO企业（2005年至2009年）取值为1，其余为0。在本章的样本中，有358家（37.18%）公司在2005年至2009年上市（表4－4的面板A）。

同时，本章还引入了其他相关的控制变量。在研究中引入市盈率（PE），假设其对IPO抑价有负的影响。沿用Chi和Padgett（2005）；Guo和Brooks（2008）的方法，本章使用股票发行数量（LNOFFERNUM）来控制新股供需不平衡的影响并假设该变量与IPO抑价负相关。一些学者还发现所有权和控制权越集中，抑价程度越高。因此本章引入了国有股的股权比例（RETAIN）和国有控股企业的虚拟变量（SOE）。表4－4的面板B显示了国有股的股权比例均值为37.49%。Mok和Hui（1998）认为相对于面向境内投资者的A股而言，面向境外投资者的B股招股说明书通常包含更多的信息和细节，更加透明的信息披露减少了IPO抑价的程度。对此设定了一个虚拟变量，如果该IPO公司在之前或同时发行B股则赋值为1，其余则赋值为0，同时假设该虚拟变量与IPO抑价负相关。最后，根据先前研究的结论，本章也引入了市场热度的虚拟变量（HOTMARKET），赋值为1表示该年度的平均ADIR的超过100%（Ibbotson和Jaffe，1975；Ritter，1984）。

4.5 实证分析

4.5.1 单变量分析

为了检验法律环境是否为IPO抑价的影响因素，首先按照法律环境总指数（LEGAL）将样本公司划分为四组。表4－5的面板A表明四组IPO企业的经市场调整后的首日回报率随着法律环境保护能力的增强逐渐下降，这与本章假设一致。组1（具有最低法律保护能力分值的一组）的平均ADIR值为134.76%，但是组4（具有最高法律保护能力分值的一组）的平均ADIR值为102.23%。这两组均值的差值在1%的置信区间下显著，该结果表明IPO抑价与法律保护负相关。①

关于发行制度对IPO抑价的影响，按照前文的假设，在固定价格发行制度下，发行人与承销商对于发行价格没有充分的决定权。所以从表4－5面板B中可以看到，与在固定价格发行方式下的IPO公司相比，在询价制度下的IPO公司的抑价水平更低。这与Cheung等（2009）的研究结果一致。

在表4－5的面板C和面板D中分别对法律环境和抑价水平在固定价格发行方式与询价制两个不同时期的相关关系做了进一步的对比分析。表4－5的面板C表明，在固定价格发行方式下，抑价水平和法律保护没有出现明显的上升或下降的关系。相反，在询价制度下，抑价水平和法律保护呈现出明显的负相关关系（表4－5的面板D）。从面板D还能看出，组4的平均ADIR值显著低于组1的ADIR均值，该结果与前文的假设一致，法律保护环境显著影响IPO抑价水平。从另一个角度来看，该结果拒绝了抑价与法律保护显著关系出现在整个样本期间的这种可能性（面板A），因为这种可能性是基于上市后首日交易价格和法律保护分

① 在本报告的分析，我们发现与中位数差异测试类似的结果。

值之间呈正相关关系的假设，也就是说，该结果同样拒绝了以上假设。由于各省之间的非法律特征在固定价格发行制度时期与询价制时期不会出现改变，所以这也表明法律框架和IPO 抑价之间负相关关系并不是来源于各省之间那些非法律的且不随时间变化的潜在因素的影响。

从樊纲等人2011 年编制的中国市场化进程报告中可以看到，我国东部地区的法律保护环境比中西部地区更完善更优越。由此假设东部地区的IPO 抑价水平要低于中西部地区。另一方面，表4－1 的面板C 和D 显示处于东部省份的IPO 企业多为高科技公司，而先前研究认为高科技公司的未来发展面临着更高的事前不确定性，由此产生了相反的判断：东部地区由于拥有更多的高科技企业，那么东部地区的IPO 抑价水平比中西部地区的IPO 抑价水平更高①。为了研究这个问题，本章中把所有样本公司按照其经营所在地分为东部地区和中西部地区。表4－5 的面板E 表明，在1% 的置信水平下，东部省份公司的平均ADIR 值显著低于中西部地区IPO 的ADIR 均值。同时，表4－5 的面板F 表明，高科技IPO 企业的平均ADIR 值显著高于非高科技公司的ADIR 均值。更重要的是，从表4－5 的面板G 可以看到，在东部地区，高科技IPO 企业的抑价水平显著高于非高科技IPO 的抑价水平；而中西部的高科技IPO 企业与该地区非高科技公司在抑价水平上的差别在统计检验上不显著。但是，中西部地区的非高科技IPO 企业的抑价水平显著高于东部地区的非高科技公司的抑价水平。以上研究结论表明，东部地区的IPO 抑价情况中存在着由公司行业（高科技公司）所引起的高抑价与完善的法律环境减少抑价两种相互矛盾的影响因素。单变量分析结果表明后者的影响明显超过了前者。

表4－5　　　　单变量分析

面板A：根据LEGAL 分组的子样本						
	组1（最低）	组2	组3	组4（最高）	最高组和最低组之间	
					差异	T 检验
ADIR（%）	134.76	127.50	127.31	102.23	45.39***	3.35
数量	252	238	227	246		
面板B：根据BOOKBUILD 分组的子样本						
	在网上固定价格发行制度时期（1997—2004 年）上市的公司		在询价制度下（2005—2009 年）上市的公司		差异	T 检验
ADIR（%）	131.55		108.60		22.96***	3.95
数量	605		358			

① Ritter（1984）发现抑价与公司上市之后未来价值的事前不确定性有关。

续表

面板C：在网上固定价格发行机制（1997—2004年）根据LEGAL分组的子样本						
	组1（最低）	组2	组3	组4（最高）	最高组和最低组之间	
					差异	T检验
ADIR（%）	139.19	123.82	127.85	136.67	2.53	0.26
数量	178	168	157	102		
面板D：在询价制度下（2005—2009年）根据LEGAL分组的子样本						
	组1（最低）	组2	组3	组4（最高）	最高组和最低组之间	
					差异	T检验
ADIR（%）	137.11	106.34	102.06	91.72	45.39***	3.35
数量	88	82	82	106		
面板E：根据区域分组的子样本						
	东部地区		非东部地区		差异	T检验
ADIR（%）	114.97		135.48		-20.52***	-3.57
数量	585		378			
面板F：根据高科技公司分组的子样本						
	高科技公司		非高科技公司		差异	T检验
ADIR（%）	142.18		118		24.18*	3.49
数量	200		763			
面板G：根据区域和高科技共同分类的子样本						
	高科技公司		非高科技公司		差异	T检验
东部地区ADIR(%)	139.90		107.19		32.71***	4.00
数量	139		446			
中西部地区ADIR（%）	147.36		133.20		14.16	1.13
数量	61		317			
差异	-7.46		-26.00***			
T检验	-0.56		-4.10			

注：本表显示了不同子样本经市场调整后的首日回报率（ADIR）的均值。在面板A中，根据法律保护环境指数（LEGAL）将公司分为四组（其中组1具有法律保护程度最低的分值）。面板B显示的是在网上固定价格发行制度时期（1997—2004年）上市的IPO企业的ADIR均值与询价制度时期（2005—2009年）上市的IPO企业的ADIR均值之间的比较分析。然后再次按照法律保护环境指数将网上固定价格发行制度时期上市公司子样本分为四组，分别表示各组在与询价制方式下的ADIR均值。面板C显示的是固定价格发行时期（1997—2004年）的四组子样本的ADIR均值，面板D显示的是询价制度时期（2005—2009年）的四组子样本的ADIR均值。面板E分别表示了东部地区和非东部地区IPO企业的ADIR均值。面板F表示了高科技公司和非高科技公司平均ADIR值的差别。面板G比较了高科技公司和非高科技公司在不同地区内的ADIR值。详情见表4-2的变量定义。

***：表示通过了1%的显著性水平检验。

**：表示通过了5%的显著性水平检验。

*：表示通过了10%的显著性水平检验。

4.5.2 回归分析

本节在控制了公司不同特征的前提下对 ADIR 进行回归分析。回归分析中的关键自变量是 LEGAL，即 2011 年由樊纲等学者编制的总法律保护环境分值。BOOK-BUILD，询价制度的控制变量也加入到回归模型中，通过该变量来检验询价制下发行人和承销商对发行价格的决定空间的提升是否会影响 IPO 的抑价程度。同时，回归模型中也加入了 LOTTERY，M_RETURN，AGE，UNDERWRITER 以及 SEO 变量，以达到控制信息非对称理论（包括赢者诅咒理论，事前不确定性理论，信号理论）对 IPO 抑价程度的影响。模型中还采用了 PE，RETAIN，SOE，LNOFFER-NUM 以及 B_SHARE 来控制我国 IPO 市场及企业的不同特性。为了控制行业分布对 IPO 抑价的影响，在回归模型中引入行业虚拟变量，同时也加入了高科技产业的虚拟变量，即 HIGHTEC。表 4 – 6 显示了以上所有的自变量之间不存在显著的相关性。

表 4 – 7 的回归模型 1 展示了全样本时期的 OLS 回归结果。本节所有的回归分析都是通过使用省份集群标准差来计算 OLS 系数的 T 值，这是因为同一省份观察值的误差项是潜在相关的。与单变量分析相一致，表 4 – 7 的模型 1 显示 LEGAL 的系数为负且显著不为 0，这个结果表明更加发达完善的法律框架可以减少 IPO 抑价的程度。由于在本章中某一省份在整个样本时期与其他省份相比有更完善的法律框架，因此模型 1 中的负的 LEGAL 系数可能来源于不同省份间的法律保护程度的差异性，而这种法律保护程度的差异性可能与各地区非法律如文化、种族等因素存在潜在相关性。但是本章选取的 NERI 指数如前文所描述的那样，该指数为各省从 1997 年到 2009 年，每年编制了一个 LEGAL 的分值，这就表示各省的法律保护环境的分值会随着时间变化而变化。利用这一优势，本章采用了省份固定效应模型以控制各省份那些不易被观察到的且不随时间变化的因素对 IPO 抑价程度的影响。

表 4 – 7 的模型 2 采用了省份固定效应模型来估计法律保护环境对 IPO 抑价的影响，该模型表明 LEGAL 有一个显著为负的系数，且该系数的绝对值相比于模型 1 的系数的绝对值更大了。模型 2 所估计的 LEGAL 系数表明总法律保护环境得分每增加一个标准差（3.07），IPO 抑价程度大约下降 – 18.11%。由表 4 – 3 得知总样本的 ADIR 均值为 123.02%，因此法律分值的边际效应是具有经济学意义的。以上结果阐述了一个重要的政策意义：对于法律环境欠发达地区来说法律保护的完善程度可以显著降低 IPO 抑价水平。假设当我国中西部省份每提高其法律保护环境分值的一个标准差，该地区的 IPO 公司将减少大约 7700 万元人民币的抑价成

本，对于整个地区的IPO企业来说可以降低上市成本291亿元人民币。IPO抑价作为企业上市过程中的主要融资的成本，可以通过提升法律保护环境来减少年轻公司的上市成本。

表4－6　　相关系数矩阵

	LEGAL	SOE	SEO	LOTTERY	LNOFF-ERNUM	M_RETURN	UNDER-WRITER	B_SHARE	AGE	PE	RETAIN	HIGHTEC
LEGAL	1.000											
SOE	-0.365	1.000										
SEO	-0.068	-0.026	1.000									
LOTTERY	-0.202	0.158	0.032	1.000								
LNOFF-ERNUM	-0.084	0.415	-0.032	0.164	1.000							
M_RETURN	-0.019	0.013	0.059	-0.008	0.104	1.000						
UNDER-WRITER	0.114	0.108	-0.033	0.065	0.427	0.017	1.000					
B_SHARE	-0.057	0.006	0.007	0.049	0.036	0.002	-0.038	1.000				
AGE	0.376	-0.212	-0.093	-0.128	-0.078	-0.068	0.058	-0.040	1.000			
PE	0.311	-0.217	-0.114	-0.163	-0.020	-0.176	0.077	-0.042	0.253	1.000		
RETAIN	-0.466	0.385	-0.003	0.164	0.422	0.025	0.111	-0.012	-0.378	-0.239	1.000	
HIGHTEC	0.201	-0.179	0.015	-0.067	-0.227	-0.115	-0.047	-0.057	0.036	0.126	-0.186	1.000

注：此表表示了自变量之间的相关系数。详情见表4－2的变量的定义。

表4－7　　回归结果

	模型1		模型2	
	整个时期（OLS）		整个时期（省份效应）	
自变量	系数	T检验	系数	T检验
LEGAL	-0.035***	-4.82	-0.059***	-3.61
BOOLBUILD	0.111	1.35	0.227*	1.97
LOTTERY	-0.067***	-4.09	-0.069***	-4.11
M_RETURN	-0.0911**	-2.40	-0.107**	-2.62
AGE	0.002	0.29	0.004	0.46
UNDERWRITER	0.0304***	4.78	0.245***	3.10
SEO	-0.021	-0.40	-0.008	-0.15
PE	-0.001	-0.17	-0.001	-0.34
LNOFFERNUM	-0.311***	-10.76	-0.327***	-11.55
RETAIN	0.057	0.32	0.097	0.58

续表

	模型1		模型2	
	整个时期（OLS）		整个时期（省份效应）	
自变量	系数	T检验	系数	T检验
SOE	0.007	0.10	-0.043	-0.60
HIGHTEC	0.153	1.02	0.169	1.14
B_SHARE	-0.942**	-2.72	-0.903**	-2.49
HOTMARKET	0.477***	8.65	0.451***	7.95
INDUSTRY	Yes		Yes	
Constant	3.722***	13.46	3.946***	13.29
Adjusted R^2	0.266		0.270	
N	963		963	

注：此表展示了ADIR在整个时期的回归分析结果。在每个回归中，当自变量不可用时，观察值将从分析中删除。模型1采用最小二乘法参数估计模型；模型2采用省份固定效应模型。通过省份聚集标准差计算最小二乘法的T检验。详情见表4-2的变量的定义。

***：表示通过了1%的显著性水平检验。

**：表示通过了5%的显著性水平检验。

*：表示通过了10%的显著性水平检验。

尽管单变量分析结果表明随着询价制度的实行，IPO企业的抑价程度得到了显著的抑制，但是在回归分析中可以看到表4-7的模型2表明BOOKBUILD有一个正的显著的系数。但应该理性地看待这个结论，因为在询价制度实行前企业上市较为密集，所以在样本数据中BOOKBUILD与HOTMARKET是具有一定的相关性的。当在自变量中删除HOTMARKET这个变量之后，BOOKBUILD的系数将不再显著。这个结果也表明一旦控制了各省间不随时间变化的固定特征的影响，那么即使增加了对发行价格的决定能力不会显著影响抑价程度。关于其他的控制变量，本章可以看到表4-7中所有模型中LOTTERY变量的系数为负值且显著不为0，这一结果与赢者诅咒理论的先前研究的结论是一致（Guo和Brooks，2008）。M_RETURN的系数为负值且显著，这与由于信息非对称所带来的事前不确定理论相一致。但是，其他的事前不确定性的代理变量都不具有显著性。另外结果表明UNDERWRITER的系数是显著为正的，这与本章的预测相反。回归分析中也没有发现ADIR和AGE有显著关系①。正如Yu和Tse（2006）的研究结论所呈现的那样，表4-7中没有发现信号理论能解释中国IPO市场的抑价问题。

关于中国IPO市场的独有性，本章发现LNOFFERNUM对所有模型的抑价水平

① 正如前文所说，衡量中国承销商的声誉是很困难的，因为A股是由国有证券公司承销上市的（Chen et al.，2004；Yu and Tse，2006）。

有显著为负的影响，这与 Chi 和 Padgett（2005），Guo 和 Brooks（2008）的研究相一致。表4-7同样表明如果他们对国外投资者发行B股，公司会有低的抑价水平（Mok 和 Hui，1998）。本章发现 HIGHTEC 的系数为正，但是不显著，这是由于本章在分析中控制了法律环境和其他公司特征的影响。本章没有发现 ADIR 和其他控制变量的清晰关系。

表4-8　回归结果比较：网上固定价格发行机制时期和询价机制时期

自变量	模型1		模型2		模型3		模型4	
	固定价格发行定价法时期		固定价格发行定价法时期		询价制度时期		询价制度时期	
	系数	T检验	系数	T检验	系数	T检验	系数	T检验
LEGAL	0.014	0.89	-0.048	-1.19	-0.034***	-2.80	-0.047*	-1.91
LOTTERY	-0.046***	-3.00	-0.057***	-3.40	-0.224*	-2.01	-0.269***	-3.11
M_RETURN	-0.326***	-3.51	-0.363***	-3.47	-0.021	-0.53	-0.031	-0.64
AGE	0.042***	3.59	0.050***	3.08	-0.013	-1.26	-0.016	-1.50
UNDERWRITER	0.229**	2.08	0.257*	1.99	0.175	1.34	0.145	0.92
SEO	-0.027	-0.46	-0.21	-0.34	-0.008***	-0.09	0.009	0.10
PE	-0.002	-0.66	-0.002	-0.41	0.002	1.31	0.002	1.22
LNOFFERNUM	-0.593***	-7.95	-0.583***	-7.51	-0.118***	-2.89	-0.147***	-3.10
RETAIN	0.282	1.48	0.351*	1.72	0.095	0.29	0.078	0.23
SOE	0.018	0.22	0.008	0.11	-0.114	-0.54	-0.102	-0.57
HIGHTEC	0.183	1.09	0.225	1.44	-0.037	-0.14	-0.187	-0.72
B_SHARE	0.880**	-2.58	-0.778**	-2.20				
HOTMARKET	0.004	0.03	0.006	0.05	0.794***	8.11	0.724***	7.38
INDUSTRY	Yes		Yes		Yes		Yes	
Constant	6.235***	10.26	6.220***	9.35	2.356***	6.00	2.918***	4.73
Adjusted R^2	0.329		0.321		0.354		0.344	
N	605		605		358		358	

注：样本中2005—2009年没有公司发行B股上市，因此在询价机制时期的两个回归模型中均删除了B_SHARE这一自变量。此表显示的是不同子时期对ADIR的回归结果。在每个回归中，当自变量不可用时，观察值将从分析中删除。模型1采用的是最小二乘法在网上固定价格发行机制时期（1997—2004年）对ADIR进行回归的结果；模型2采用的是省份固定模型在网上固定价格发行机制时期（1997—2004年）对ADIR进行回归的结果；模型3采用的是最小二乘法在询价机制时期（2005—2009年）对ADIR进行回归的结果；模型4采用的是省份固定模型在询价机制时期（2005—2009年）对ADIR进行回归的结果。通过省份聚集标准差来计算最小二乘法的T检验。详情见表4-2的变量的定义。

***：表示通过了1%的显著性水平检验。

**：表示通过了5%的显著性水平检验。

*：表示通过了10%的显著性水平检验。

正如前文所说，在网上固定价格发行机制下对发行价格决定能力较小。信息非对称理论和其他因素对于发行价格的影响也较小，尽管这些因素可能影响最初的交易日的股票价格。本章也分别对网上固定价格发行机制时期（表4－8中模型1和模型2）的ADIR进行回归分析和询价制度下（表4－8中模型3和模型4）的ADIR进行回归分析，以探求法律环境是否影响发行价格。最小二乘法和省份固定估计法都表明，在网上固定价格发行机制下，法律保护与IPO抑价没有显著关系。相反，在询价制度下，法律保护与IPO抑价有显著关系。这些结果为法律体系影响发行价格提供了强有力的证据；初始回报和法律得分的负相关关系并不是取决于初始回报和首日交易日收盘价格之间存在的潜在关系。本章也强调，通过省份固定效应模型和子时期样本对比分析这两种方法控制潜在的时间不变的省份特征的影响。如果LEGAL的负系数是因为未观察到的因素影响，本章应当在网上固定价格发行机制下得到相同的结论，省份固定效应模型的LEGAL不应当有一个显著地系数。而且，在控制时间固定省份固定的情况下，模型2和模型4都为法律框架影响抑价提供了强有力的证据①。

关于控制变量，M_RETURN，AGE和UNDERWRITER在固定价格发行定价法下都有一个显著地系数。LNOFFERNUM与ADIR显著相关在各个子时期，但是其系数的绝对值比在固定价格发行定价法下更大。给定发行价格由报告收入和固定市盈率决定，那么这些因素影响抑价的程度降低。一个潜在的解释是这些因素影响首个交易日股价而不是发行价格。LOTTERY在每个子时期都有显著的系数，其绝对值在询价制度下较大。这些结论是赢者诅咒理论在中国IPO市场的证据。

4.5.3　稳健性分析

本章应用各种的附加分析去验证本章的结论。首先，本章采用回归分析用原始回报（IR）替代ADIR（因变量）。原始回报（IR）计算如下：

$$IR_i = (P_{i1} - P_{i0})/P_{i0} \qquad (4)$$

其中，P_{i1}是首个交易日股票i的收盘价，P_{i0}是股票i的发行价。样本中IR的均值为130.75%。未报告的分析找到与表4－7和表4－8相同的结果；在询价制度下LEGAL对IR有显著的负影响。

Fan等（2011）得到的法律保护得分表明东部省份相比中西部地区有更好的

① 为了防止不受法律保护的区域特征影响我们的结果，我们仅对东部地区进行回归分析。因为东部地区有不同于其他地区省份的特征，我们可以将注意力集中在东部地区来实现非法律特征影响的最小化。固定发行价格定价时期模型中整个时期LEGAL有负系数，与询价时期相同。这个结果同样作为法律环境影响抑价的有力证据。对于中西部地区，LEGAL没有显著的系数。这可能因为样本数量太小，尤其是询价时期（46个中部地区样本、43个西部地区样本），在中西部地区中LEGAL有微小的变化。

法律环境（附录2）。本章OLS分析用虚拟变量替代LEGAL，其中当上市公司在东部省份则虚拟变量取值为1，否则为0。尽管时间固定变量对LEGAL没有很强的解释力度，未报告的分析发行新的虚拟变量在1%的置信水平下有一个显著为负的系数。正如前文所说，高科技公司有较高的抑价水平，高科技公司在东部占据大部分。但是，这些IPO公司由于在东部地区，所以其抑价程度较低。

本章到目前为止在控制了时间固定省份特征的情况下，采用了面板数据来验证法律保护对IPO抑价的影响。然而，如果能进一步检验在固定年份下，法律保护的横截面差异与IPO抑价程度之间的关系将更有意义。本章对具有超过50个观测值的年份进行单一年份的横截面回归分析。在固定价格发行方式下的四年中（1998—2001年），所有的年份的LEGAL系数显著为正（表外）。相反，在询价制度的四年中（2006—2009年），LEGAL的系数在前三年的回归中为负，但并不显著，直到2009年时该系数才呈现出显著影响。

上述结果表明，在引入了询价机制后，IPO抑价的横截面变动也与法律保护的横截面差异存在着负相关关系。表4－7中的模型1和表4－8中的模型3的结果部分表明LEGAL与抑价有横向关系。尽管对于上述结果应辩证对待，因为法律环境的横截面变化与非法律方面的省份特征具有潜在的相关性，但上述结果仍强化了本章的观点，即法律保护体系的发展降低了IPO的抑价程度。本章用东部地区虚拟变量替代LEGAL进行回归分析。与前面的结论一致，表外结果表明的东部地区虚拟变量有一个负的系数在询价制度中，其中2007—2009年这三年是显著的，但是在固定价格发行定价法中有三年是为正的。

正如前文所说，Fan等（2011）提出的法律保护指数有四个组成部分：市场中介的发展指数（INTERMEDIARY）；生产者产权保护（PROPERTY）；知识产权保护（INTELLECTUAL）；消费者权利保护（CONSUMER）。本章用四个子部分替代LEGAL进行回归分析，去进一步验证法律保护减少抑价的效果。Claessens和Laeven（2003）发现公司在差的知识产权法律保护环境下运营，对无形资产投资较少，导致了公司较慢的发展和较低的公司价值。通常来说，差的产权保护机制容易对未来IPO策略和管理创造更多的不确定性，因此对公司价值有负面影响（Claessens和Laeven，2003；Cull和Xu，2005；Berger和Udell，2006）。Engelen和Essen（2010）认为对投资者好的法律保护会减少事前不确定，从而减少IPO抑价。

表4－9表明回归分析结果（省份固定效应模型）。因为这些法律代理变量有很高的相关性，本章分别应用它们在四个回归模型中。模型1和模型4样本数量较小相比于其他的模型，因为INTERMEDIARY和CONSUMER在样本时期的头两年内不可用。面板A模型1到模型3（整个样本时期的结果）表明抑价随着

INTERMEDIARY，PROPERTY，INTELLECTUAL 的提升而减少。面板 B 和面板 C 在固定价格发行定价法和询价制度下分别重复回归分析。在固定价格发行定价法下，INTERMEDIARY 的系数显著。相反，面板 C 表示 INTERMEDIARY 和 PROPERTY 在询价制度下对抑价有显著为负的影响（5%的置信水平）。公司特征和法律环境对发行价格影响较小在固定价格发行定价法下，结果表明对产权的法律保护会减少抑价。估计系数表明在询价制度下（1.95），生产者产权保护得分（PROPERTY）增加一个标准差，将减少大约 32.6% 的抑价水平。在询价制度下，ADIR 均值为 108.6%，边际效应是有经济含义的。结果给产权法律保护影响抑价提供了有力的证据。另一方面，确定 INTERMEDIARY 影响发行价格是困难的，因为在固定价格发行定价法下和询价制度下，它都有一个显著的系数（系数的绝对值在固定价格发行定价法下更大）。

表 4-9　采用法律框架中分类指标作为关键自变量的回归结果

自变量	模型 1		模型 2		模型 3		模型 4	
	系数	T 检验	系数	T 检验	系数	T 检验	系数	T 检验
面板 A：整个样本								
INTERMEDIARY	-0.101***	-5.09						
PROPERTU			-0.062***	-2.79				
INTELLECTUAL					-0.016***	-3.27		
CONSUMER							-0.026	-0.61
BOOKBUILD	0.288***	2.92	-0.022	-0.06	0.121	1.24	0.002	0.01
LOTTERY	-0.260***	-5.77	-0.071***	-4.17	-0.064***	-0.384	-0.250***	-4.87
M_RETURN	-0.067	-1.20	-0.075*	-1.98	-0.111***	-2.57	-0.073	-1.38
AGE	-0.010	-1.06	0.003	0.39	0.004	0.45	-0.009	-0.93
UNDERWRITER	0.203**	2.13	0.263***	3.34	0.258***	3.51	0.237**	2.72
SEO	0.011	0.19	0.014	0.26	-0.012	-0.23	0.033	0.56
PE	-0.004*	-1.99	-0.001	-0.31	-0.001	-0.67	-0.004*	-1.96
LNOFFERNUM	-0.273***	-4.98	-0.319***	-11.31	-0.323***	-11.56	-0.255***	-4.68
RETAIN	0.139	0.69	0.078	0.49	0.098	0.60	0.153	0.72
SOE	-0.022	-0.21	-0.022	-0.31	-0.048	-0.65	-0.030	-0.28
HIGHTEC	0.004	0.02	0.171	1.06	0.179	1.16	0.038	0.21
B_SHARE	-0.875*	-1.87	-0.861**	-2.49	-0.905***	-2.43	-0.970*	-1.96
HOTMARKET	0.550***	8.13	0.508***	11.15	0.448	6.90	0.526***	8.62
INDUSTRY	Yes		Yes		Yes		Yes	
Constant	3.840***	7.88	3.820***	12.99	3.735***	12.72	3.543***	5.89
Adjusted R^2	0.298		0.258		0.267		0.285	
N	684		963		963		684	

续表

自变量	模型 1		模型 2		模型 3		模型 4	
	系数	T 检验	系数	T 检验	系数	T 检验	系数	T 检验
面板 B：网上固定价格发行机制								
INTERMEDIARY	-0.215***	-3.55						
PROPERTU			-0.035	-1.33				
INTELLECTUAL					-0.026	-0.93		
CONSUMER							-0.109	-1.24
LOTTERY	-0.108*	-1.77	-0.055***	-3.56	-0.056***	-3.36	-0.093	-1.58
AGE	0.032	1.47	0.048***	3.18	0.050***	2.90	0.028	1.33
UNDERWRITER	0.210	1.44	0.263**	2.06	0.260**	2.08	0.201	1.30
SEO	-0.067	-0.53	0.005	0.06	0.004	0.06	-0.105	-0.74
PE	-0.014**	-2.25	-0.002	-0.51	-0.002	-0.51	-0.015**	-2.30
LNOFFERNUM	-0.685***	-5.15	-0.585***	-7.87	-0.579***	-7.757	-0.674***	-5.08
RETAIN	0.477*	1.9	0.342*	1.71	0.342*	1.70	0.499*	1.9
SOE	-0.022	-0.21	-0.022	0.31	-0.048	-0.65	-0.030	-0.28
HIGHTEC	0.167	0.72	0.231	1.42	0.224	1.43	0.150	0.62
B_SHARE	-0.850	-1.54	-0.769**	-2.17	-0.774**	-2.18	-0.997	-1.65
HOTMARKET	0.268*	1.88	0.008	0.06	-0.002	-0.02	0.209	1.41
INDUSTRY	Yes		Yes		Yes		Yes	
Constant	7.863***	5.99	6.208***	10.16	6.094***	9.29	7.998***	5.29
Adjusted R^2	0.394		0.321		0.321		0.379	
N	326		605		605		326	
面板 C：询价机制								
INTERMEDIARY	0.178**	-2.03						
PROPERTU			-0.167**	-2.20				
INTELLECTUAL					-0.011*	-1.74		
CONSUMER							-0.214	-1.43
LOTTERY	-0.262***	-2.78	-0.293***	-3.24	-0.270***	-3.09	-0.266***	-2.81
M_RETURN	-0.014	-0.23	-0.007	-0.14	-0.026	-0.55	-0.012	-0.21
AGE	-0.015	-1.45	-0.019*	-1.86	-0.016	-1.5	-0.018*	-1.81
UNDERWRITER	0.138	0.88	0.116	0.74	0.144	0.92	0.135	0.84
SEO	0.027	0.30	0.017	0.20	0.014	0.16	0.011	0.12
PE	0.001	1.02	0.002	1.16	0.002	1.16	0.002	1.54

续表

自变量	模型1		模型2		模型3		模型4	
	系数	T检验	系数	T检验	系数	T检验	系数	T检验
面板C：询价机制								
LNOFFERNUM	-0.139***	-3.06	-0.143***	-3.12	-0.145***	-3.07	-0.135***	-2.88
RETAIN	0.069	0.20	0.073	0.22	0.072	0.21	0.108	0.32
SOE	-0.095	-0.54	-0.119	-0.70	-0.094	-0.53	-0.131	-0.78
HOTMARKET	0.768***	6.01	0.727***	8.63	0.739***	7.32	0.764***	6.75
INDUSTRY	Yes		Yes		Yes		Yes	
Constant	3.551***	4.61	3.328***	4.37	2.640***	4.96	4.434**	2.56
Adjusted R^2	0.341		0.344		0.343		0.339	
N	358		358		358		358	
面板D：交叉时期								
INTERMEDIARY	-0.094***	-3.84						
INTERMEDIARY * BOOKBUILD	-0.055	-1.08						
PROPERTU			-0.033	-1.51				
PROPERTU * BOOKBUILD			-0.081*	-1.93				
INTELLECTUAL					-0.019	-0.81		
INTELLECTUAL * BOOKBUILD					0.003	0.12		
CONSUMER							-0.020	-0.50
CONSUMER * BOOKBUILD							-0.101	-1.32
BOOKBUILD	0.608	1.54	0.348	1.63	0.112	1.14	0.960	1.20
LOTTERY	-0.256***	-5.61	-0.067***	-3.91	-0.064***	-3.51	-0.243***	-4.85
M_RETURN	-0.075	-1.38	-0.081**	-2.08	-0.111**	-2.57	-0.083	-1.61
AGE	-0.009	-0.96	0.002	0.25	0.004	0.47	-0.011	-1.09
UNDERWRITER	0.202**	2.14	0.249***	3.26	0.259***	3.65	0.239**	2.69
SEO	0.003	0.05	0.005	0.10	-0.011	-0.22	0.029	0.48
PE	-0.004*	-1.96	-0.001	-0.59	-0.001	-0.6	-0.003*	-1.75
LNOFFERNUM	-0.269***	-5.01	-0.319***	-11.32	-0.32***	-11.47	-0.261***	-4.97
RETAIN	0.146	0.73	0.076	0.47	0.097	0.60	0.171	0.81

续表

自变量	模型1		模型2		模型3		模型4	
	系数	T检验	系数	T检验	系数	T检验	系数	T检验
面板D：交叉时期								
SOE	-0.034	-0.31	-0.037	-0.51	-0.047	-0.67	-0.043	-0.40
HIGHTEC	0.005	0.03	0.169	1.07	0.179	1.17	0.025	0.14
B-SHARE	-0.939*	-1.98	-0.901**	-2.50	-0.904**	-2.44	-0.953*	-1.95
HOTMARKET	0.538***	8.05	0.487***	9.79	0.447***	6.91	0.500***	8.32
INDUSTRY	Yes		Yes		Yes		Yes	
Constant	3.806***	7.85	3.755***	12.92	3.738***	12.80	3.588***	6.21
Adjusted R2	0.301		0.262		267		0.288	
N	684		963		963		684	

注：此表表示了应用每个组成部分的法律环境得分作为重要自变量的ADIR回归结果。省份固定效应模型被用于此估计。在每个回归中，当自变量不可用时，将被删除。面板A是整个时期。面板B是固定发行价格定价法下（1997—2004年）；面板C是询价制度下（2005—2009年）；面板D是整个样本时期的回归结果。模型1和模型2的样本量小于其他模型，因为INTERMEDIARY和CONSUMER数据在样本时期的最初两年不可用。详情见表4-2的变量的定义。

***：表示通过了1%的显著性水平检验。

**：表示通过了5%的显著性水平检验。

*：表示通过了10%的显著性水平检验。

表4-9的面板D表明在加入BOOKBUILD这个相互作用项和4个法律子变量后的整个时期的回归结果。这个分析证明了在询价制度实行后，对于产权的法律保护（PROPERTY）和抑价之间有相关关系。一旦本章删除了HOTMARKET，这个与BOOKBUILD有关系的变量，PROPERTY * BOOKBUILD的系数变得显著了（在5%的置信区间下）。作为稳健性检验，本章用IR替代ADIR（自变量），发现结论与表4-9（未报告）一致。

正如前文所说，Fan等（2011）从2003年以后，采用一个新的关于生产者产权保护的计算方法。作为稳健性检验，本章在2003年以前也复制这种分析。未报告分析结果表明在2003年以前PROPERTY对抑价没有显著的影响。这个结果与本章之前的结果一致。整体来看，本章结果表明一个特殊的机制，法律保护可以减少抑价。产权保护的重要性与产权保护是增加公司价值减少过度投资风险的一个重要因素相一致（Ritter，1984；Rock，1986；Beatty和Ritter，1986；Claessens和Laeven，2003；Cull和Xu，2005；Berger和Udell，2006；Engelen和Essen，2010）。

4.6 结论

之前的研究表明 IPO 抑价广泛地存在多个股票市场中（Ibbotson，1975；Saunders 和 Lim，1990；Ritter，1991；McGuinness，1992；Kim 等，1993；Loughran 等，1994；Mok 和 Hui，1998；Su 和 Fleisher，1999；Beckman 等，2001；Chan 等，2004；Kirkulak 和 Davis，2005）。IPO 抑价的存在是公司金融研究中的一个谜题，它吸引了众多学者的研究。多位学者认为对投资者法律保护可以影响信息非对称的事前不确定性，从而减少抑价（Ritter，1984；Beatty 和 Ritter，1986；Rock，1986；Engelen 和 Essen，2010）。另一方面，Boulton 等（2010）和 Banerjee 等（2011）对法律保护和 IPO 抑价正相关提供了有力的证据，认为上市公司故意低估它们的股价作为未来的责任保险。之前的研究大多使用的不同国家的综合法律，本章提出了基于区域法律因素的研究。但是法律保护是否影响 IPO 抑价仍然是个未解决的问题。

本章使用中国数据去检验法律环境和抑价问题。中国国内数据在法律环境上存在地区异质性，但是数据在不同省份之间的非法律因素上有极少的异质性（Qian 和 Weingast，1997；Jin 等，2005）。此外，中国法律保护经历了一个飞跃的发展，Fan 等（2011）提出省份年度的法律保护指数。这些时间固定法律保护指数允许本章研究法律保护和抑价的动态关系，但是不能研究跨省份的情况，尤其是使用 La Porta 等（1998），Kaufmann（2004），Kaufmann 等（2005），以及 Djankov 等（2008）提出的法律保护指数。樊纲指数，这一随时间变化的法律保护指数为本章研究法律保护与 IPO 抑价之间的动态关系提供了条件与机会，而这种方式的动态研究在使用由 La Porta 等（1998），Kaufmann（2004），Kaufmann 等（2005），以及 Djankov 等（2008）提出的跨国法律保护指数时是无法实现的。值得注意的是，中国 IPO 市场经历了监管变化，从固定价格发行定价发到询价制度的变化。本章发现在引入了询价机制后法律保护与 IPO 抑价之间存在着显著相关关系，这是因为在该制度下，发行人与承销商在发行价格的决定上拥有了更多的空间和裁量权，由此，法律保护程度逐步成为影响 IPO 发行价格的决定因素。

本章收集了 963 个分别在上交所和深交所的中国上市公司样本数据，时期覆盖 1997—2009 年，用于研究抑价和法律环境之间的关系。结果表明，即使在控制了时间不变的省份固定效应模型下，地处法律体系更完善省份的 IPO 公司抑价水平越低，上述趋势在引入询价机制后更加显著。这些结果为法律保护可以减少抑价提供了证据。本章也发现随着产权保护法律能力的提高，抑价的程度降低。

上述结论作出了重要的贡献。首先，本章提出法律环境影响 IPO 抑价的稳健证据，通过设定一个时间固定、跨越地区的模型以减少偏差，即通过使用单一国家数据、省份固定效应模型以及不同时期的比较分析来实现本章的研究目的。抑价是公司上市的关键成本，研究表明可以通过完善法律标准显著降低年轻公司的上市成本。最后，本章提出了一个法律保护减低抑价的特殊机制（产权保护）。换句话说，产权保护的事前不确定性应当被看做与抑价相关的重要因素，这在世界各地普遍可以观察得到。

本章也看到结果的偏差。与美国相比，中国法律环境发展不完善。总体而言，中国法律保护是较弱的，不能给投资者提供有效的法律保护。确实，中国人民关于诉讼往往是保守的。尽管民事诉讼的威胁影响美国公司行为是明显的，但是民事诉讼在中国是罕见的（Chen 等，2006）。因此，本章不能拒绝民事诉讼在这个研究中不成立的假设，因为中国法律环境的特征和大部分中国人厌恶民事诉讼。分析解决上述问题是未来重要的研究工作。

5 地方经济发展与 IPO 抑价

本章以中国 1993 年至 2010 年首次公开发行（IPO）的公司为样本，分析 IPO 抑价与地方经济发展之间的关系。研究表明，经济发展较缓慢的省份，当地企业的 IPO 抑价程度更高。更为重要的是，这种趋势在询价机制下显得尤为突出。这是由于询价机制允许发行人与承销商在发行定价方面拥有更多的自由裁量权，以实现其刺激经济发展的内在动机。同时本章还发现在前三年中该省上市的公司数量越多，那么该省随后一年的经济增长显著提升。以上结果表明，地方政府官员有动机通过 IPO 抑价以确保更多的公司成功上市，从而改善当地的经济发展。

5.1 引言

IPO 抑价现象广泛存在于各个国家的股票市场当中。尽管已有众多学者就这个问题进行了大量研究，但该问题仍是一个不解之谜（Beatty 和 Ritter，1986；Rock，1986；Rydqvist，1997；Levis，1990；Allen 和 Faulhaber，1989；Brennan 和 Franks，1997；Lowry 和 Shu，2002）。本章在大量的先前研究的基础上添加一个新变量：宏观经济发展状况（GDP）来进一步深入研究 IPO 抑价问题。曾有学者得出相关结论，股票市场的发展会对未来经济增长产生重大影响（Arestis 和 Demetriades，1997；Atje 和 Jovanovic，1993；Levine 和 Zervos，1996；Levine，1996；Singh，1993；Rousseau 和 Wachtel，2000；Beck 和 Levine，2003；Caporale 等，2004）。增加

上市公司的数量最终可以通过扩大融资范围和能力加快经济的增长。IPO 企业的资本结构的变化可以为企业募集资金完成具有增值潜力的项目投资，从这个方面来说也会对宏观经济的发展产生有利的影响。实际上，IPO 为国家和地区提供了一个重要机会，当上市公司的数量增加时，IPO 这一融资渠道能为企业注入长期的股权资本，从而提升当地的经济水平。这背后隐含的效应在一些国家中表现得尤为突出，例如在中国，地方政府官员的晋升与该地区的经济表现直接相关（Chen 等，2005；Li 和 Zhou，2005），那么当本地区上市公司数量越多，融资额度越大，地方政府官员的晋升之路就越平坦。由此可见，地方政府具有显著的动机通过增加 IPO 的数量来提升地方经济的发展。

曾有学者就 IPO 抑价提出各种理论假设：如 Rock（1986）提出了赢者诅咒理论，Ritter（1984）、Beatty 和 Ritter（1986）提出了信息不对称假说等来解释这一现象。上述两种理论假设都建议 IPO 公司对其股票进行抑价，以此吸引不完全信息占有的投资者。那么，如果地方政府有动机增加 IPO 公司的数量的话，就有极大的可能会积极利用股票抑价来确保公司成功上市，增强当地政府的信誉。

本章将使用中国的 IPO 数据来验证这一假设。之所以选择中国作为本书研究样本，基于以下几个原因：首先，中央政府和地方政府对企业有强大的制约力量，在 IPO 的过程中也是如此。这种现象在中国尤为突出。我国 IPO 的承销工作都由证券公司完成，而我国几乎所有的证券公司均为国有企业（SOEs），因此政府在 IPO 发行定价上可以具有强大的影响力。其次，Chen 等（2005）以及 Li 和 Zhou（2005）研究结论表明，地方政府官员的晋升都与该地区的相对经济发展状况息息相关。最后，我国的 31 个省市自治区每年均会公布本省经济发展情况的报告，这些数据为研究地方 GDP 发展与 IPO 抑价之间的关系提供了条件。已有较多的学者对于我国的 IPO 抑价问题的研究作出了贡献（Mok 和 Hui，1998；Chan 等，2004；Wang，2005；Chi 和 Padgett，2005；Yu 和 Tse，2006；Chen 等，2004；Guo 和 Brooks，2008；Cheung 等，2009）。然而，上述这些研究只是将高额的首日回报率与我国 IPO 的某些特性联系起来：如 IPOs 的供给与需求间的不平等（Chi 和 Padgett，2005；Guo 和 Brooks，2008）；发行机制和审批系统（Su 和 Fleisher，1999；Chen 等，2004；Guo 和 Brooks，2008；Cheung 等，2009）；所有权结构（Chen 等，2004；Su 和 Fleisher，1999；Mok 和 Hui，1998；Chan 等，2004；Chi 和 Padgett，2005）以及发行时间与公开交易之间的时间滞后（Chen 等，2004；Su 和 Fleisher，1999；Mok 和 Hui，1998；Chan 等，2004）。上述论文并未关注宏观经济发展对 IPO 抑价的影响。因此，本章从该角度出发探讨我国 IPO 议价的深层原因。同时，我国的 IPO 数据为本章的研究提供了一个理想的环境。

本章选取的是1993 年到2010 年在上海证券交易所（SHSE）和深圳证券交易所（SZSE）上市的2020 家IPO 公司，通过该样本研究IPO 抑价和地区经济表现之间的关系。本章实证结果表明，IPO 公司位于经济欠发达的省份时，其抑价程度更为严重。更为重要的是，这种趋势在询价机制时期更为显著，这是因为在询价机制下承销商对于发行定价方面有更大的自由裁量权。同时，研究结果还发现在过去的三年中IPO 的数量对随后一年GDP 增长有着积极的影响。因此，可以这样认为，在一个政府影响力较强的国家，地方政府官员有动机通过IPO 抑价确保公司成功上市。这也说明了宏观经济发展与IPO 抑价之间存在着显著关系。

5.2　研究背景

1978 年的经济体制改革，是中国从计划经济向市场经济转变和发展的一个至关重要的组成部分。改革将权力高度集中的政府转变为分权政府，并孵化和促进地方的经济活动，支持市场经济。在这种分权制度下，省级政府在当地的经济管理方面扮演着更有意义和重要的角色，同时也更能反映出省级官员在当地经济发展中战略决策的重要性①。20 世纪70 年代末至今，地方政府官员在基础设施建设、鼓励当地企业发展以及吸引外资方面一直都扮演着重要的角色，这些举措为促进中国经济的快速增长作出了巨大贡献（Li 和Zhou，2005）。基于监管权力的下沉与分散，省级地方政府官员被赋予就其管辖范围内部经济资源分配的最高权力。同时，由于地方官员的政治和经济决策在很大程度上会对所在地的经济发展状况产生影响，因此，他们必须对自己的决策所产生的结果负责。那么在这种情况下确保地方政府的利益与市场的发展相统一是一件至关重要的事情（Jin 等，2005）。中央政府制定了一系列考核评价标准与体系对省级地方政府官员进行考核，而这些考核的标准的核心主要是基于当地的经济发展状况。因此，奖励和惩罚制度让地方政府官员更重商亲商，有强烈的动机去促进和提升当地经济的发展（Li 和Zhou，2005）。

同时，在经济体制改革实行之后，中央政府停止了向国有企业进行“统一征税和统一支出”（统收统支）的财政体系，并鼓励国有企业融资多元化。因此，发行债务成为企业的主要融资来源。然而，伴随着高负债比率的是高财务困境风

① 中国是单一制国家，其政治体制大致由五层构成：中央、省区市、地区、县和乡。省区市是中国政治层级的二级机构。不包括台湾、香港和澳门在内，中国拥有31 个省级单位，其中包括4 个直辖市（北京、上海、天津和重庆），22 个省，5 个自治区。省区市与中央部委同级。在本书中，上市公司来自31 个省份。

险和流动性短缺风险，这些风险会阻碍作为地方经济发展引擎的国有企业的发展。

此时，IPO为公司增长提供了一个融资的好机会，而企业的发展必定会刺激当地经济的发展。先前研究的结论表明，股票市场的发展能很好地解释未来的经济增长（Arestis和Demetriades，1997；Atje和Jovanovic，1993；Levine和Zervos，1996；Levine，1996；Singh，1993；Rousseau和Wachtel，2000；Beck和Levine，2003；Caporale等，2004）。特别是，股票市场市值的增长会增强资本配置的能力以及提高风险分散的能力（Arestis和Demetriades，1997；Atje和Jovanovic，1993）。因此，我国政府也试图通过股票市场来推动经济的发展（Chi和Padgett，2005）。

中国的股票市场成立于20世纪90年代初。两大证券交易所的建立不仅允许公司向国内投资者发行股票（A股），也可以通过发行B股向外国投资者募集资金。然而，我国政府对IPO过程拥有强大的影响力。1993年，中国政府通过推行发行配额制度来选择上市公司。配额制在以支持区域发展或产业发展为目标，同时兼顾各省以及各行业之间平衡性的前提之下，由中国证券监督管理委员会（证监会）根据相应的标准分配给各个地方政府所能发行股票数量的最大额度（Chi和Padgett，2005）。配额制一直持续到2000年年底。从2001年到2004年的几年中发行制度实行的是通道制。通道制下，中国证监会将IPO的发行通道分配给各大证券公司，由证券公司在每年限定的通道数量内负责承销IPO公司的股票。在上述两种独特的IPO选择方式下，IPO发行价格的确定所采用的是网上固定价格发行方式，即通过税后每股收益（EPS）乘以固定的市盈率（P/E）来确定IPO的发行价格。其中固定市盈率的确定是由中国证监会根据IPO所在地同行业的已上市公司的市盈率所决定的①。但从2005年开始，我国政府废除了IPO过程中的上述独特的发行制度而开始推行询价制。换而言之，2005年以后，发行数量的限制以及IPO网上固定价格发行方式都被移除，而地方政府、发行人与承销商在IPO过程中开始拥有更多的自由裁量权。

上文曾提及我国政府也希望通过发展股票市场来提升经济（Chi和Padgett，2005）。随着监管权力的下放，地方政府获得公司上市的行政审批权，同时也将对当地经济的发展负责。地方经济良好的发展趋势又能为地方政府官员的升迁提供强劲支持。Li和Zhou（2005）研究发现，省级政府领导人的晋升机会随着当地经济发展的提升而增大。因此为了获得晋升的机会和确保仕途的通畅，地方政府官员有强烈的动机推动更多的当地公司上市，以实现刺激地方经济发展的目的（Du和Xu，2009；Li和Zhou，2005）。另外，IPO的抑价能为公司成功发行股票

① P/E比率在1999年以前固定在15倍，1999年1月上升到50倍，到2002年时又下降到20倍。

提供保障，IPO 的抑价不仅能确保更多的公司成功上市，更能为地方政府赢得经济发展的机会和声誉。因此，如果某地地方经济发展水平较为落后，那么当地政府官员会有更强烈的动机将发行定价调低以确保公司成功完成首次公开发行，从而支持当地经济的发展。在此基础上，本章预测，IPO 抑价水平与省级地方经济发展呈现负相关关系。这将是第一篇研究 IPO 抑价和宏观经济表现之间关系的论文。

5.3 理论假设

在我国的分权体制下，以 GDP 为导向的政绩评价体系使得地方政府官员的升迁的基础源自他们所管辖地区的经济表现。先前研究证实，省级领导人的晋升与他们所管辖地区的经济发展状况之间存在着正相关关系（Maskin 等，2000；Li 和 Zhou，2005）。从该正相关关系可以推导出地方政府官员有强烈的亲商动机，因为鼓励和支持当地企业的发展，既可以促进当地经济发展，还可以提升当地政府官员的职业发展空间（Du 和 Xu，2009；Li 和 Zhou，2005）。在鼓励当地企业发展的过程中，从资本市场中进行融资无疑是一个好的机会，首次公开发行股票能为投资项目募集到充足的外部资金。因此，地方政府官员有强烈的动机鼓励更多的公司公开上市，引进更多的外部融资，以此促进当地经济的发展。那么在此过程中，IPO 抑价便成为首次公开发行成功的保障，并被认为是提高企业和当地政府声誉的好方式（Mok 和 Hui，1998）。

与此同时，确保投资者继续参与 IPO 发行市场也同样重要，因为只有众多投资者的参与，发行市场才更具活力，才能保证企业在资本市场的融资获得成功。在我国的股市的投资者当中有超过 90% 的个人投资者；这些投资者们在投资过程中因为缺乏充分的信息及分析技能，他们很难分辨出盈利企业与亏损企业的区别。那么这种存在于发行者与潜在投资者当中的严重信息不对称会影响投资者的参与热情（DuCharme 等，2001；Teoh et al.，1998）。因此，发行人与承销商不得不采用折价方式发行股票，以吸引更多的投资者参与申购，从而保证股票发行成功（Rock，1986）。以上讨论表明，如果一方经济欠发达，当地政府官员就有更强烈的动机试图推动更多的公司进行上市，以达到刺激当地经济增长的目的。而另一方面，为了确保这些公司成功上市，当地政府也有强烈的动机通过抑价的方式来发行股票，从而提高当地企业及其政府的声誉，同时也能确保投资者继续参与市场。由此提出本章的唯一假设：

假设 5.1：经济表现较差的省份 IPO 抑价水平更高。

5.4 样本和变量的选择

5.4.1 样本选择

本章选取的是1993—2010年在上海和深圳证券交易所上市的中国A股IPO公司。从中国经济研究中心数据库（CCER）获得IPO的数据以及宏观经济数据，并从IPO公司的招股说明书中手动搜集了1998年之前所有IPO公司的所有权结构和增发数据。样本的起始时间为1993年，这是因为该时间点是IPO发行制度变化的开始①。因此，本章的样本期涵盖了发行配额制，通道制以及询价制三大发行体系。发行制度变化这一外生因素有利于研究上市公司选择机制对IPO抑价的影响程度。但本章的样本中不包括我国的B股，这是因为从2000年起只有一只B股IPO企业，且B股IPO企业的发行规模及其流动性都远远小于比A股IPO的发行规模和流动性。最终该样本包括2020家IPO企业，其中941家企业为上海证券交易所上市的IPO，1079家企业为深圳证券交易所上市的IPO。从本章研究的样本数量上来看，该样本在数据规模和时间跨度方面与先前研究相比更加全面和复杂（Mok和Hui，1998；Chan等，2004；Wang，2005；Chi和Padgett，2005；Yu和Tse，2006；Chen等，2004；Guo和Brooks，2008；Cheung等，2009）。

表5－1　　变量定义

变量	定义
IR	首个交易日结束时的原始初始回报率
ADIR	首个交易日结束时的经市场调整后的初始回报率
LNGDP	上市前3年各省国内生产总值（GDP）平均值的自然对数
LNCONSUME	上市前3年各省消费总量平均值的自然对数
LNADDASSETS	上市前3年各省新增固定资产总额平均值的自然对数
LISTEDFIRM	IPO年份中各省上市公司的数量
BOOKBUILD	虚拟变量：在2005—2010年上市的IPO公司该虚拟变量赋值为1，其余为0
QUOTA	虚拟变量：2000年及以前上市的IPO公司该虚拟变量赋值为1，其余为0

① 1992年8月10日，在深圳有关部门发放新股IPO认购申请表的过程中，由于申请表供不应求，加上组织不严密和一些徇私舞弊行为，导致了申购投资者在深圳采取了游行抗议等的过激行为。这一事件引发了中国政府决定建立一个全国性的证券监管机构来监督市场活动的想法。1993年，中国证券监督管理委员会（证监会）成立，这成为中国资本市场发展进程中一个重要的里程碑，中国以此巩固了资本市场的发展和监督。发行配额制即从那时开始（请参见2008年中国证监会发布的《中国资本市场发展报告》）。

续表

变量	定义
CHANNEL	虚拟变量：在2000—2004年上市的IPO公司该虚拟变量赋值为1，其余为0
LOTTERY	中签率，衡量获得IPO新股的机会
SEO	虚拟变量：IPO之后两年内增发股份的IPO公司该虚拟变量赋值为1，其余为0
M_RETURN	发行日与首日交易日之间的市场回报率
AGE	IPO时的公司经营年限
UNDERWRITER	虚拟变量：由承销市值排名前五名的证券公司承销的IPO公司该虚拟变量赋值为1，其余为0
SOE	虚拟变量：国有控股的IPO公司该虚拟变量赋值为1，其余为0
RETAIN	在IPO年份中，企业创始人与经理所有权留存的比例
P/E	市盈率 = 每股股价/每股盈利
LNOFFERNUM	IPO公司所发行的股票数量的自然对数
LAGDAY	发行日与首日交易日之间的滞后天数
B_SHARE	虚拟变量：在A股IPO之前完成了B股发行的IPO公司该虚拟变量赋值为1，其余为0

表5－2的面板A显示的是样本企业按时间的分布状态。在这18年里，IPO市场在1996年、1997年和2010年最为活跃。面板B呈现的是在不同的发行制度下总体样本的分布，其中有超过50%的样本公司在配额制和通道制这两种发行体制下完成上市。

表5－2　　样本分布

面板A：按上市年份进行划分

上市年份	上市公司数量			(%)
	上交所	深交所	合计	
1993	67	52	119	5.89
1994	68	42	110	5.45
1995	15	9	24	1.19
1996	103	100	203	10.05
1997	85	122	207	10.25
1998	53	53	106	5.25
1999	46	52	98	4.85
2000	87	46	133	6.58
2001	78	1	79	3.91
2002	70	1	71	3.51
2003	67	0	67	3.32

续表

面板 A：按上市年份进行划分				
上市年份	上市公司数量			(%)
	上交所	深交所	合计	
2004	60	39	99	4.90
2005	3	12	15	0.74
2006	13	52	65	3.22
2007	24	101	125	6.19
2008	6	71	77	3.82
2009	9	90	99	4.90
2010	87	236	323	15.98
Total	941	1079	2020	100
面板 B：按上市监管制度进行划分				
配额制下上市公司的数量	524	476	1000	49.50
通道制下上市公司的数量	275	41	316	15.64
询价制下上市公司的数量	142	562	704	34.85
合计	941	1079	2020	100

注：该样本包括了 1993 年至 2010 年在上海证券交易所和深圳证券交易所上市的 2020 家 IPO 公司。面板 A 显示了上市年份的分布情况；面板 B 显示的是在不同上市监管制度下 IPO 公司的分布情况。

5.4.2 抑价的衡量方法

按照先前研究的衡量方法（Chan 等，2004；Mok 和 Hui，1998；Chi 和 Padgett，2005；Guo 和 Brooks，2008），本章延续上一章中所使用的经市场调整后的首日回报率，以此作为衡量抑价程度的变量：

$$ADIR_i = (P_{i1} - P_{i0})/P_{i0} - (P_{m1} - P_{m0})/P_{m0}$$

其中，$ADIR_i$是指股票 i 经过市场调整后第一个交易日的初始回报率，P_{m1}是指股票 i 第一个交易日当天上海证券交易所 A 股综合指数的收盘价或深圳证券交易所 A 股的综合指数的收盘价，P_{m0}是指股票 i 的发行日当天上海证券交易所 A 股综合指数的收盘价或深圳证券交易所 A 股综合指数的收盘价。

表 5-3　　IPO 抑价的描述性统计

上市年份	ADIR							
	平均数（%）	T 检验	中位数（%）	Z 检验	最小值（%）	标准差（%）	最大值（%）	样本数量
面板 A：按上市年份进行划分								
1993	406.69	6.97 ***	169.04	8.64 ***	-74.96	636.52	3547.41	119
1994	172.00	7.84 ***	101.47	9.09 ***	-7.48	229.96	1867.14	110
1995	420.74	2.19 **	72.47	3.12 ***	-6.09	697.16	2281.82	13
1996	157.91	8.37 ***	95.63	11.07 ***	-109.02	245.19	1539.48	169
1997	167.00	8.67 ***	126.74	12.01 ***	-31.43	266.96	3288.52	192
1998	134.33	9.57 ***	113.57	8.28 ***	-130.14	137.47	1157.45	96
1999	107.24	10.04 ***	88.93	8.57 ***	-3.42	105.72	820.50	98
2000	149.62	20.20 ***	140.72	10.01 ***	2.23	85.43	476.35	133
2001	203.94	3.77 ***	126.00	7.31 ***	-158.38	480.72	3171.64	79
2002	144.24	7.60 ***	108.59	7.32 ***	20.44	160.00	1285.35	71
2003	69.21	12.86 ***	65.15	7.12 ***	5.57	44.07	225.08	67
2004	67.30	12.38 ***	60.24	8.63 ***	-1.98	54.07	320.05	99
2005	40.48	4.40 ***	41.83	3.41 ***	1.18	35.65	131.83	15
2006	80.57	10.96 ***	69.39	7.00 ***	-1.25	59.30	342.87	65
2007	185.11	18.68 ***	168.69	9.70 ***	27.39	110.78	525.75	125
2008	107.31	10.29 ***	78.02	7.59 ***	-15.33	91.55	396.59	77
2009	68.93	15.96 ***	67.90	8.64 ***	-0.50	42.97	206.91	99
2010	41.71	17.84 ***	31.75	15.17 ***	-9.33	42.03	273.10	323
Total	138.48	24.07 ***	78.14	37.53 ***	-158.38	254.03	3547.41	1950
面板 B：按上市监管制度进行划分								
QUOTA	188.00	17.95 ***	118.87	25.94 ***	-130.14	319.33	3547.41	930
CHANNEL	119.15	8.15 ***	84.44	15.10 ***	-158.38	259.90	3171.64	316
BOOKBUILD	81.74	25.47 ***	57.29	22.81 ***	-15.33	85.15	525.75	704

注：此表显示的是 IPO 抑价（即首日初始回报率）的平均值（中位数）。面板 A 显示的是每个 IPO 年份的初始回报率；面板 B 显示的是在不同上市发行监管制度期间内的初始回报率。统计结果分为平均值与中位数。该样本包括了 1993 年至 2010 年在上海证券交易所和深圳证券交易所上市的 2020 家 IPO 公司。变量的定义参见表 5-1。

***：表示通过了 1% 的显著性水平检验。

**：表示通过了 5% 的显著性水平检验。

*：表示通过了 10% 的显著性水平检验。

表 5-3 显示的是关于首日回报率即 IPO 抑价情况的汇总统计信息。面板 A 显示，中国 IPO 的平均抑价率为 138.48%，该均值为正且在 1% 的水平下显著不为零。同时，面板 A 还显示所有年度的抑价均值和中位数都为正且显著。面板 B 显示的是在不同的发行体制下 IPO 企业的抑价程度。数据结果显示，询价制下上市

的 IPO 公司的平均抑价水平显著低于在配额制和通道制下上市的 IPO 公司的平均抑价水平（未将均值和中位数差异测试的结果展示在表格中），这说明我国特有的发行机制是引起 IPO 企业抑价程度增加的原因。

5.4.3 其他变量的衡量方法

本章研究的是省级地方经济发展状况与 IPO 抑价之间的关系。为了验证本章的研究假设，采用了四个变量来衡量省级地方经济表现：各省国内生产总值（GDP）；各省的消费总量；各省新增资产总量（这 3 个变量使用的是前 3 年的均值）；第四个变量是各省在 IPO 发行年份之前所有的已上市公司的数量。表 5－4 显示的是各省经济发展状况的描述性统计。数据显示在过去的数十年中，各省的经济表现每年都呈现出稳定的增长趋势。总体的平均国内生产总值从 1993 年的 1.258 万亿元增加到 2010 年的 20.681 万亿元，清楚地表明中国经历了显著的高速增长。

表 5－4　　经济发展水平的描述性统计

上市年份	国内生产总值（十亿元）				总消费量（十亿元）				新增固定资产总额（十亿元）				上市公司数量
	平均数	最小值	中位数	最大值	平均数	最小值	中位数	最大值	平均数	最小值	中位数	最大值	
1993	1257.97	179.45	1022.98	2110.59	680.36	94.64	501.29	1185.16	500.53	122.83	445.24	833.06	161
1994	1638.89	86.25	1364.52	2967.63	822.98	61.85	663.17	1437.67	754.74	49.63	646.86	1570.80	271
1995	1913.53	38.80	2029.57	3559.39	1034.14	28.32	1014.69	1754.97	833.37	18.17	874.64	1816.15	295
1996	1860.18	54.28	1644.32	3834.80	974.03	36.29	968.35	1984.15	839.49	31.04	623.76	1878.69	498
1997	2680.48	61.34	2636.91	5672.50	1156.72	36.87	1176.96	2326.65	1016.00	31.97	908.07	2088.70	705
1998	3282.79	197.99	3149.78	6747.73	1801.30	129.48	1746.25	3918.02	1499.60	102.38	1281.11	3124.89	811
1999	3058.52	71.42	2831.86	7101.21	1639.55	48.04	1646.26	4183.75	1452.64	31.54	1284.19	3310.26	909
2000	3376.38	85.76	3140.06	7551.37	1750.41	51.34	1673.22	4206.18	1477.33	35.15	1177.48	3369.01	1042
2001	3937.85	110.53	3624.92	8830.75	2042.54	62.17	1824.26	4860.47	1736.70	44.26	1490.15	3720.97	1121
2002	4606.56	486.93	3810.34	9902.92	2350.52	267.16	1984.66	5436.28	2024.08	229.48	1643.84	4092.70	1192
2003	5396.21	270.92	5015.85	10642.85	2701.11	190.32	2494.36	5739.88	2330.71	171.95	2268.10	4553.29	1259
2004	6558.45	1095.77	5579.90	12671.02	3312.20	680.10	2744.22	6492.42	2778.16	495.04	2486.39	5314.55	1358
2005	9936.12	1656.37	10441.43	16956.27	4628.16	1075.91	4440.68	8026.80	4461.29	860.34	5020.14	6176.53	1373
2006	10543.37	1984.26	11260.94	18322.88	4807.67	1071.32	4776.39	8669.32	4726.58	1191.54	5498.51	7751.75	1438
2007	12064.83	552.64	10646.81	21752.71	5573.23	361.98	5478.55	10378.62	5271.63	373.19	5187.66	9516.50	1563
2008	16564.01	2602.89	17158.58	29615.95	7752.25	1563.27	7996.00	14248.36	7338.92	1269.41	7882.31	11236.87	1640
2009	17717.91	342.35	15028.87	31818.49	8397.86	218.47	6894.18	15252.98	7556.51	275.84	8438.31	12545.05	1739
2010	20681.37	1158.78	29367.08	35026.81	9556.09	605.30	9257.59	16666.99	9229.38	811.73	9311.98	14507.05	2062
Total	8004.86	38.80	3771.55	35026.81	3811.52	28.32	1984.15	16666.99	3529.11	18.17	1802.03	14507.05	2062

注：表 5－4 显示的是自 1993 年到 2010 年的经济发展水平的描述性统计，包括三种代理变量：GDP、总消费量和新增固定资产总额。表中显示的上述三个变量的值均为上市前 3 年的平均值。上市公司的数量包括所有特定年份的上市公司的数量。变量的定义参见表 5－1。

IPO 抑价在信息不对称的基础上由一些经典模型作出解释，如赢家诅咒假说（Rock，1986；Levis，1990），事前不确定性假说（Ritter，1984；Beatty 和 Ritter，1986），信号假说（Allen 和 Faulhaber，1989；Grinblatt 和 Hwang，1989；Welch，1989）。一些研究人员也采用了中国的数据样本来验证上述理论模型（Mok 和 Hui，1998；Su 和 Fleisher，1999；Chi 和 Padgett，2005；Yu 和 Tse，2006）。

为延续先前研究的研究方法，本章采用新股发行过程中新股中签率来作为赢家诅咒理论的代理变量，根据假设理论，预测新股中签率与 IPO 抑价水平呈负相关关系（Guo 和 Brooks，2008）。表 5 - 5 中的面板 B 显示的是中国 IPO 新股中签率的均值为 0. 013%。本章采用的是 IPO 的市场回报（Ritter，1984；Clarkson 和 Merkley，1994；Yu 和 Tse，2006）；上市时公司的经营年限（Ritter，1984；Megginson 和 Weiss，1991）以及承销商的声誉（Beatty 和 Ritter，1986；Carter 和 Manaster，1990）三个变量作为衡量事前不确定性的代理变量。在本章的样本中，IPO 公司的上市发行日和首日交易日之间的平均市场回报率为 5. 9%（见表 5 - 5 中的面板 B）。由于本章中所有的 IPO 公司均由我国证券公司承销，仍沿用第 4 章中的 Francis 等（2009）提出的方法，首先按照 IPO 发行规模进行排序，在前 100 家 IPO 企业中观察承销商的承销企业数，选择承销企业数最多的前 5 家证券公司，设置一个虚拟变量，当 IPO 公司选用的是这 5 家公司的话，那么变量将被赋值为 1，其余赋值为 0。表 5 - 5 中的面板 A 显示，只有 151 家 IPO 公司选择的是承销规模排名前 5 位的证券公司作为其承销商。为衡量信号理论对 IPO 抑价的影响，本章引入一个虚拟变量来作为信号理论的代理变量。当 IPO 公司在上市后两年内再次增发股票，那么对其赋值为 1；其余赋值为 0。表 5 - 5 面板 A 显示，在上市后的 2 年内，本章样本中有 385 家 IPO 公司增发股票，占全样本比重 19. 39%。

一些先前研究还认为，中国 IPO 抑价程度高还是受到了中国股市的特有特征的影响（Mok 和 Hui，1998；Su 和 Fleisher，1999；Chau 等，1999；Chen 等，2004；Chi 和 Padgett，2005；Guo 和 Brooks，2008；Cheung 等，2009）。Chi 和 Padgett（2005）发现配额制是导致 IPO 抑价的主要原因。为此，本章采用了配额制和通道制两大虚拟变量来控制我国特有发行机制对 IPO 抑价的影响。Cheung 等（2009）得出相关结论我国所采用的网上固定发行价格机制中所使用的固定市盈率方法是诱发 IPO 高抑价水平的主要原因。因此，在本章的模型也加入了市盈率（PE）的影响，同时预测市盈率与 IPO 抑价水平之间呈负相关关系。另外，模型中还包括了 IPO 发行新股数量（LNOFFERNUM）的变量以控制新股供求失衡对 IPO 抑价的影响（Chi 和 Padgett，2005；Guo 和 Brooks，2008）。对发行新股数量做取对数处理，假设当 IPO 新股发行数量越大时，IPO 发行过程中供求关系更加均衡，因此 IPO 抑价程度也会相对减少。

表 5－5　　　　其他变量的描述性统计

面板 A：虚拟变量

	赋值为 1 的公司数量	赋值为 0 的公司数量
SEO	385	1600
SOE	985	1035
B_SHARE	62	1958
UNDERWRITER	151	1869

面板 B：非虚拟变量

	平均值	标准差	最小值	中位数	最大值	样本量
LOTTERY	0. 013	5. 766	0. 001	0. 005	0. 100	1465
M_RETURN	0. 059	0. 155	－0. 109	0. 030	4. 449	1950
Number of offering share（million）	121. 05	774. 30	0. 16	35. 00	22235. 30	2018
LAGDAY	136. 17	483. 19	0. 00	17. 00	4046. 00	2019
P/E	27. 77	19. 31	0. 00	19. 99	138. 46	1849
RETAIN（%）	31. 70	29. 50	0. 00	31. 58	84. 99	2019
AGE	4. 194	3. 883	0. 000	3. 000	26. 000	2017

注：表 5－5 显示的是回归模型中所包含的所有自变量的描述性统计。面板 A 展示的是虚拟变量的信息。面板 B 显示的是其他非虚拟变量的描述性统计。变量的定义见表 5－1。

其他一些研究人员还发现 IPO 的抑价程度受到了所有权结构的集中程度、国有控股比例（国家和国有企业留存股权）以及上市发行日与交易日之间的时滞的影响（Mok 和 Hui，1998；Chau 等，1999；Chen 等，2004）。因此，在本章的分析中包括了国家股权留存比例（RETAIN），国有企业与否的虚拟变量（SOE）和滞后时间（LAGDAY）。表 5－5 面板 B 显示，国家股权留存比例的平均值为 31. 7%；上市发行最长时滞超过 10 年。Mok 和 Hui（1998）认为，相比于 A 股招股说明书，B 股招股说明书通常包含了企业的更多细节信息，这增加了 IPO 发行时的信息透明度，从而减少抑价水平。因此本章中采用了虚拟变量来衡量这一影响因素，如果一家公司在发行 A 股 IPO 之前发行过 B 股，那么将给这家 IPO 公司赋值为 1，未在 A 股发行之前发行过 B 股的 IPO 企业赋值为 0。

5.5 实证分析

5.5.1 回归结果

为了检验本章中所提出的假设，将进行回归分析。所有的回归模型将采用经市场调整后的首日回报率（ADIR）作为因变量。本章的关键自变量是经济绩效的四个代理变量：GDP、总消耗量、新增加资产总额以及前三年上市公司的数量。对于前三个自变量取对数用于回归模型中（分别是 LNGDP、LNCONSUME 和 LNADDASSETS）。同时，回归模型中还包括了新股中签率（LOTTERY）、市场回报率（M_RETURN）、公司经营年限（AGE）、承销商的声誉（UNDERWRITER）以及虚拟变量 SEO 来控制信息不对称对 IPO 抑价的影响。这信息不对称因素主要来源于赢者诅咒理论，事前不确定性假说以及信号理论。针对中国 IPO 市场的相关特性，回归模型中包括了发行体制变化的影响（QUOTA；CHANNEL）；市盈率（PE）；上市发行日与交易日之间的时滞（LAGDAY）；所有权结构和国有控制程度（RETAIN 和 SOE）；IPO 的发行规模（LNOFFERNUM）以及衡量 IPO 公司是否发行 B 股的虚拟变量（B_SHARE）作为回归模型中的控制变量。

在回归模型分析中，当自变量不可用时，该样本会从分析中删除。表 5 -6 显示的是各自变量之间的相关性。四个经济发展绩效变量之间存在高度相关性，因此在回归模型中，将分别使用这些变量来检验理论假设。对于其他自变量，表 5 -6的数据显示这些变量之间并未存在显著的相关性。

表 5 -7 展现的是回归分析的结果。表 5 -7 面板 A 中的模型 1—模型 4 分别采用的是四个经济发展状况变量作为关键自变量来验证本章提出的假设。在这四个模型中，经济发展变量与经市场调整后的首日回报率的系数为负值且显著不为零。模型 1—模型 3 表明，IPO 的抑价程度随着地方 GDP，总消费量和新增加资产总量的上升而减少。面板 A 的模型 4 显示，如果某一省份拥有更多的已上市公司，那么未来上市的 IPO 公司的抑价程度会显著降低。以上结果支持前面所提出的假设，经济发展较为落后的省份，当地的公司在 IPO 过程中抑价程度更高。这是因为当地方政府官员在面对相对落后的地方经济发展状况时，有更强烈的动机推动更多的当地企业成功上市，从而通过上市募集资金的投入带动当地经济增长，为他们的升迁之路增加砝码。

表 5－6　　**相关系数**

	LNGDP	LNCO MSUME	LNADD ASSETS	LISTED FIRM	SOE	SEO	RETAIN	LNOFF ERNUM	LAGDAY	LOTTERY	PE	UNDER WRITER	AGE	B_SHARE	M_RETURN
LNGDP	1. 000														
LNCOMSUME	0. 980	1. 000													
LNADDASSETS	0. 983	0. 953	1. 000												
LISTEDFIRM	0. 781	0. 777	0. 781	1. 000											
SOE	－0. 292	－0. 285	－0. 302	－0. 316	1. 000										
SEO	－0. 019	－0. 028	－0. 021	－0. 050	0. 020	1. 000									
RETAIN	－0. 372	－0. 374	－0. 373	－0. 401	0. 440	0. 069	1. 000								
LNOFFERNUM	0. 028	0. 042	0. 026	0. 039	0. 306	0. 041	0. 346	1. 000							
LAGDAY	－0. 148	－0. 129	－0. 123	－0. 172	0. 108	0. 025	0. 173	0. 127	1. 000						
LOTTERY	－0. 105	－0. 116	－0. 105	－0. 096	－0. 003	0. 006	0. 020	－0. 041	0. 004	1. 000					
PE	0. 321	0. 337	0. 342	0. 404	－0. 306	－0. 138	－0. 325	－0. 029	－0. 018	－0. 103	1. 000				
UNDERWRITER	0. 094	0. 103	0. 079	0. 104	0. 039	0. 124	0. 058	0. 298	－0. 047	－0. 022	0. 068	1. 000			
AGE	0. 329	0. 326	0. 346	0. 315	－0. 277	－0. 124	－0. 353	－0. 070	－0. 163	－0. 062	0. 396	0. 054	1. 000		
B_SHARE	－0. 049	－0. 060	－0. 052	－0. 037	0. 029	0. 039	0. 001	0. 023	0. 010	－0. 003	－0. 075	－0. 042	－0. 059	1. 000	
M_RETURN	－0. 084	－0. 087	－0. 090	－0. 120	0. 057	0. 042	0. 006	－0. 014	0. 122	－0. 023	－0. 146	－0. 056	－0. 106	0. 343	1. 000

注：此表说明的是自变量之间的相关系数。变量的定义参见表 5－1。

表 5－7　　　　　　　　　　回归结果

自变量	模型 1		模型 2		模型 3		模型 4	
	系数	T 检验	系数	T 检验	系数	T 检验	系数	T 检验
面板 A：全体样本								
LNGDP	-0. 113 ***	-3. 51						
LNCOMSUME			-0. 130 ***	-3. 70				
LNADDASSETS					-0. 123 ***	-3. 64		
LISTEDFIRM							-0. 001 **	-2. 20
LOTTERY	-0. 018 ***	-3. 50	-0. 018 ***	-3. 51	-0. 018 ***	-3. 47	-0. 017 ***	-3. 50
M_RETURN	-1. 007 ***	-4. 62	-1. 012 ***	-4. 61	-1. 007 ***	-4. 59	-1. 014 ***	-4. 69
AGE	-0. 005	-0. 76	-0. 004	-0. 70	-0. 005	-0. 80	-0. 006	-0. 97
UNDERWRITER	0. 242 ***	2. 67	0. 238 ***	2. 63	0. 242 ***	2. 68	0. 243 ***	2. 70
SEO	0. 116 *	1. 69	0. 117 *	1. 77	0. 115 *	1. 73	0. 105 *	1. 59
QUOTA	-0. 030	-0. 29	-0. 056	-0. 52	-0. 065	-0. 59	0. 074	0. 78
CHANNEL	0. 247 **	2. 42	0. 239 **	2. 32	0. 226 **	2. 19	0. 329 ***	3. 41
PE	-0. 009 ***	-7. 33	-0. 009 ***	-7. 19	-0. 009 ***	7. 27	-0. 009 ***	6. 95
LNOFFERNUM	-0. 278 ***	-7. 57	-0. 275 ***	-7. 55	-0. 275 ***	-7. 49	-0. 280 ***	-7. 53
RETAIN	0. 209 *	1. 77	0. 231 **	1. 98	0. 222 *	1. 90	0. 226 *	1. 91
SOE	-0. 001	-0. 01	-0. 015	-0. 23	-0. 007	-0. 11	0. 006	0. 09
LAGDAY	0. 004	1. 12	0. 004	1. 20	0. 004	1. 18	0. 004	1. 07
B_SHARE	-0. 315 *	-1. 89	-0. 316 *	-1. 82	-0. 320 *	-1. 84	-0. 297 *	-1. 74
INDUSTRY	Yes		Yes		Yes		Yes	
Constant	4. 523 ***	11. 08	4. 552 ***	11. 16	4. 489 ***	11. 20	3. 590 ***	11. 38
Adjusted R^2	0. 191		0. 192		0. 191		0. 184	
N	1424		1424		1424		1425	
面板 B：询价机制期间 IPO 样本数据								
LNGDP	-0. 169 ***	-3. 17						
LNCOMSUME			-0. 174 ***	-3. 05				
LNADDASSETS					-0. 240 ***	-3. 89		
LISTEDFIRM							-0. 001	-1. 12
LOTTERY	-0. 374 ***	-4. 10	-0. 372 ***	-4. 06	-0. 373 ***	-4. 09	-0. 377 **	-4. 09
M_RETURN	-0. 738	-0. 83	-0. 709	-0. 80	-0. 827	-0. 94	-0. 696	-0. 77
AGE	-0. 014 **	-2. 19	-0. 014 **	-2. 20	-0. 014 **	-2. 10	-0. 015 **	-2. 23
UNDERWRITER	0. 095	0. 76	0. 093	0. 74	0. 090	0. 73	0. 096	0. 75
SEO	0. 397 ***	2. 64	0. 376 ***	2. 61	0. 365 **	2. 55	0. 391 ***	2. 72
PE	-0. 006 ***	-4. 30	-0. 006 ***	-4. 25	-0. 006 ***	-4. 28	-0. 006 **	-4. 34
LNOFFERNUM	-0. 111 ***	-2. 59	-0. 113 ***	-2. 63	-0. 111 ***	-2. 59	-0. 111 **	-2. 52
RETAIN	0. 397	1. 46	0. 406	1. 49	0. 352	1. 32	0. 456	1. 61

续表

自变量	模型1		模型2		模型3		模型4	
	系数	T检验	系数	T检验	系数	T检验	系数	T检验
面板B：询价机制期间IPO样本数据								
SOE	-0.073	-0.49	-0.069	-0.46	-0.082	-0.56	-0.022	-0.15
LAGDAY	0.015**	2.44	0.015**	2.41	0.015**	2.40	0.017***	2.69
INDUSTRY	Yes		Yes		Yes		Yes	
Constant	3.539***	5.41	3.469***	5.37	4.039***	5.79	1.972***	4.83
Adjusted R^2	0.259		0.258		0.269		0.245	
N	681		681		681		681	

注：表5-7中采用的因变量为ADIR，该表显示的是对ADIR的回归结果。ADIR是由原始的首日初始回报率减去市场回报计算而得。面板A显示的是全体样本的回归结果。面板B显示的是在询价机制期间的回归结果，询价机制期间样本包括从2005年到2010年的704家IPO公司。在表中的每个回归分析中，当自变量的数据不可用时会将其从回归分析中删除。变量的定义参见表5-1。

***：表示通过了1%的显著性水平检验。

**：表示通过了5%的显著性水平检验。

*：表示通过了10%的显著性水平检验。

同时，在询价机制下对本章中所提出的假设进行验证具有十分重要的经济意义。如前所述，在IPO发行过程中引入询价机制后，IPO的发行价格将不再受限于固定市盈率的影响。在询价机制下，发行人与承销商在IPO发行定价方面拥有了更多的自由裁量权，这种方式为地方政府官员刺激地方经济发展提供了机会。表5-7的面板B显示省级经济发展水平与IPO抑价程度间呈现出负相关关系；省级GDP水平，总消费量和新增资产投资总量分别与IPO抑价之间存在显著负相关关系，且该结果的经济意义显著。这一实证结果支持了前文的假设，处于经济发展水平较差的地区的IPO企业，其抑价水平更高①。

关于其他控制变量，表5-7面板A的结果支持了前文所讨论过的经典模型的结论。中签率（LOTTEY）的系数为负，该结果表明了中国上市公司通过抑价来确保不知情的投资者继续参与IPO市场，支持了“赢者诅咒”假设的结论（Guo和Brooks，2008）。SEO的系数显著为正支持了信号假说，该结果与先前的研究结论一致（Su和Fleisher，1999；Chen等，2004）。对于事前不确定性假说的验证，本章分别采用了市场回报率（M_RETURN）、公司经营年限（AGE）以及承销人信

① 询价机制实行期间，无公司发行B股。因此，表5-7面板B的模型中取消了B_SHARE的虚拟变量。

誉（UNDERWRITER）作为代理变量。M_RETURN 的系数为负并且显著，这一结论支持了事前不确定性假说。关于另外两个变量，结果显示企业上市时的经营年限与我国 IPO 抑价之间不存在显著的相关关系；而 UNDERWRITER 与 IPO 抑价程度之间的相关系数显著为正，这与事前不确定假说中的预测呈相反的结论。这可能是因为我国所有发行 A 股的 IPO 企业所选择的承销商均为国有证券公司，由于国内证券公司并未享有国际声誉，所以无法准确衡量国内承销商的声誉情况（Chen 等，2004；Yu 和 Tse，2006）。同时，通过分析发现，IPO 发行的通道制对 IPO 抑价产生了积极显著的影响。因为自引入了该发行体制后，IPO 发行程序主要由承销商负责，为了确保 IPO 企业新股发行的成功从而提升证券公司自身在国内行业中的声誉与地位，承销商有强烈的动机在发行过程中使用抑价。Cheung 等（2009）的研究结论表明固定市盈率对我国 IPO 抑价产生了显著影响。与 Cheung 等（2009）的研究结果相一致，本章的研究结果证实 P/E 比率对 IPO 抑价存在显著消极的影响。发行在外的流通股票数量（LNOFFERNUM）与 IPO 抑价程度之间存在着显著的负相关关系，这表明企业发行在外的流通股票数量越多，抑价水平越低。与先前研究结论一致，实证结果还证实了国有股份留存比例越高，抑价程度越高，该系数在 10% 的置信水平下显著（Mok 和 Hui，1998；Chau 等，1999；Chen 等，2004）。同时发现在 A 股发行之前已经向外国投资者完成了 B 股发行的 IPO 公司的抑价水平就会显著更低（Mok 和 Hui，1998）。这是因为在发行 B 股时 IPO 企业按照要求公布了比 A 股发行时更加详细的信息，从而减少了在 IPO 过程中的信息不对称。

在询价机制期间的回归分析中，表 5-7 的面板 B 显示实证结果仍然支持赢家诅咒假说和信号假说。对于事前不确定性假说，公司经营年限的系数为负，并在 5% 的置信水平下显著，这与 Yu 和 Tse（2006）的研究结论一致。而 M_RETURN 和 UNDERWRITER 的系数则不显著。发行股票的数量和市盈率仍然对 IPO 抑价产生消极影响。另外，与先前研究结论一致，上市发行的时滞与 IPO 抑价之间存在正相关（Mok 和 Hui，1998；Chau 等，1999；Chen 等，2004）。

5.5.2 稳健性分析

为了进行稳健性检验，在这一部分的回归模型中用初始回报率（IR）作为因变量，取代了表 5-7 中经市场调整后的初始回报率（ADIR）。

当采用 IR 作为 IPO 抑价的衡量指标时，未展示的实证结果与表 5-7 所示结果相类似。显然这些结果支持了前文中的理论假设：位于经济发展水平较落后省份的 IPO 公司具有较高的抑价水平。由于 GDP 增长率也是衡量经济表现的一个重要指标，因此在稳健性分析中还采用了上市年份前三年的平均GDP增长率来取代表5－7中的LNGDP（表5－7中的模型1），同样，未展示的实证结果显示上市年份前三年的平均GDP增长率与IPO抑价水平之间存在显著负相关关系。

表5－8　　　　网上固定价格发行机制下的回归结果

自变量	模型1		模型2		模型3		模型4	
	系数	T检验	系数	T检验	系数	T检验	系数	T检验
LNGDP	－0.014	－0.35						
LNCOMSUME			－0.040	－0.93				
LNADDASSETS					－0.001	－0.01		
LISTEDFIRM							0.004***	2.82
LOTTERY	－0.013***	－3.08	－0.014***	－3.07	－0.013***	－3.09	－0.013***	－3.18
M_RETURN	－1.189***	－3.80	－1.168***	－3.75	－1.172***	－3.75	－1.138***	－3.62
AGE	0.033**	2.56	0.035***	2.61	0.032**	2.46	0.029**	2.28
UNDERWRITER	0.282**	2.63	0.284***	2.64	0.279***	2.62	0.253**	2.43
SEO	－0.040	－0.63	－0.032	－0.50	－0.037	－0.58	－0.051	－0.81
PE	0.010***	2.87	0.010***	2.99	0.010***	2.89	0.008**	2.26
LNOFFERNUM	－0.451***	－7.02	－0.442***	－6.98	－0.450***	－6.93	－0.488***	－7.21
RETAIN	0.244*	1.72	0.266*	1.89	0.267*	1.89	0.291**	2.02
SOE	0.014	0.19	－0.002	－0.02	－0.000	－0.00	0.014	0.20
LAGDAY	0.004	1.30	0.005	1.34	0.004	1.32	0.004	1.30
B_SHARE	－0.003	－0.02	－0.023	－0.13	－0.020	－0.11	－0.022	－0.12
INDUSTRY	Yes		Yes		Yes		Yes	
Constant	4.798***	9.56	4.877***	9.59	4.684***	9.80	4.925***	9.78
Adjusted R^2	0.199		0.199		0.198		0.206	
N	740		740		740		741	

注：表5－8中采用的因变量为ADIR，该表显示的是对ADIR的回归结果。该表中的样本区间为1993年到2004年在网上固定价格发行机制下上交所和深交所首次公开发行股票的1316家公司。在表中的每个回归分析中，当自变量的数据不可用时会将其从回归分析中删除。变量的定义参见表5－1。

***：表示通过了1%的显著性水平检验。

**：表示通过了5%的显著性水平检验。

*：表示通过了10%的显著性水平检验。

如前所述，IPO询价机制的引入为发行人与承销商在确定发行价格时提供了宽松的自由裁量权，因此，询价机制能更好地被利用以保证当地企业首次公开发行顺利完成，提高当地企业整体声誉，拓宽融资渠道，实现促进当地经济发展的强烈动机，最终提高当地政府官员的升迁机会。为了证实上述观点，将在稳健性分析中加入对比分析，对比询价机制期间与网上固定价格发行机制期间地方经济发展状况与IPO抑价水平之间相关关系的变化，如此一来，对比分析的结果将会更具说服力和可信度。虽然从1999年7月到2001年6月，中国证监会对IPO发行定价采用了不同的方法，但在2005年之前最主要的定价方式仍然是网上固定价格发行机制。表5－8展示的是在网上固定价格发行机制期间的回归结果。该结果显示IPO抑价水平和LNGDP、LNCONSUME或LNADDASSETS之间仍为负相关关系，但相关系数不再显著。因此，这也证实了网上固定价格发行机制在IPO定价方面限制了发行人与承销商的自由裁量权，进而限制了通过IPO抑价以实现推动经济发展的动机。同时，这些结果还表明，IPO抑价程度与地方经济发展之间的显著负相关关系并不是由A股热销市场效应（市场氛围假说）所导致的。

到目前为止，上述结果均已经证实本章中所提出的假设，位于经济发展水平越落后省份的IPO公司，其抑价水平越高。接下来，如果就各省当地企业参与资本市场的程度能否改善当地经济的发展进行研究将会是一个有趣的议题。该议题的基本思想是，各省的上市公司数量越多以及从资本市场融资规模越大，当地的经济发展应该越快。曾有先前研究也得出相关结论，股票市值的增加可能改善地方经济体资本流通与风险分散的能力（Arestis和Demetriades，1997；Atje和Jovanovic,1993）。Levine和Zervos（1996）证实，资本市场的市值规模对当前及未来的经济增长率，资本积累程度以及生产力发展产生显著的积极影响，而这一积极影响对发展中国家来说显得尤为突出。就此提出相关假设：IPO发行数量的增加与经济发展之间存在正相关关系。为了验证上述假设，使用GDP增长的绝对值作为因变量进行回归分析。表5－9的第一列显示的是所有公司年（firm－years）的混合数据（the pooled data）的结果。表5－9的面板A显示，过去的三年里当地上市的公司数量与随后一年的GDP增长有正向且显著的关系，这为IPO抑价与经济发展间的关系预测提供了额外的证据支持。与先前研究的结论一致，表5－9结果显示在过去三年里IPO公司的股票发行规模可以促进经济发展。然而，上市公司的数量和经济发展之间的因果关系还可以从相反的角度进行解释，比如说当地企业上市数量的增加是不是由于当地经济活动的增强而引起的。为了控制地域效应和时间效应所产生的潜在的异质性，表5－9的第二列和第三列分别采用了固定效应模型进行分析。其中，第二列使用的是固定地域效应模型；第三列使用的是固定地域以及时间效应模型。在采用了固定地域效应模型后，表5－9结果显示在过去的三年里上市公司的数量与当地GDP的增加仍然存在正相关关系；然而，在采用了固定地域以及时间效应模型后，该系数显著为负。这些结果表明，地方政府官员确实存在强烈动机希望通过IPO抑价以确保更多的公司成功上市，从而改善当地经济发展并提高其政治升迁的机会。

表5－9　　对经济发展影响的回归分析

自变量	混合		地域效应		地域和时间效应	
	常数	T检验	常数	T检验	常数	T检验
面板A：因变量为GDP增长率						
过去三年间上市公司的数量	0.001	1.24	－0.000	－0.09	－0.004***	－4.36
过去三年间IPO公司发行规模的自然对数	－0.001	－0.49	0.000	0.34	0.001	0.67
新增资产的自然对数	0.009*	1.83	－0.005	－0.53	0.017	1.36
过去三年间周边各省GDP增长率的均值	－0.107	－0.91	－0.080	－0.58	－0.256***	－2.93
城镇就业率	－0.044	－0.88	－0.312	－1.49	－0.038	－0.20
净出口总量的自然对数	－0.001**	－2.00	－0.001***	－4.26	－0.001	－1.29
当地私人投资总量的自然对数	－0.007*	－1.91	－0.0001	－0.19	0.023***	4.17
INDUSTRY	Yes		Yes		No	
Constant	0.122***	4.18	0.285***	2.73	0.043	0.48
Adjusted R^2	0.568		0.618		0.206	
N	369		369		369	
面板B：GDP增长的绝对值						
过去三年上市公司的数量	0.057***	9.32	0.011*	1.92	－0.064***	－6.95
过去三年所有上市公司规模的自然对数	0.029*	1.66	－0.001	－0.07	0.006	0.31
新增资产的自然对数	0.482***	5.70	0.224*	1.82	0.670***	4.62
过去三年周边省平均GDP增长率	1.120	0.70	－1.680	－1.18	－1.805*	－1.74
在城市工作的雇佣者比例	－1.136**	－2.10	－0.324	－0.29	6.001***	3.73
净出口的自然对数	0.001	1.49	－0.001**	－2.13	0.001***	4.54
当地私人投资的自然对数	0.315***	5.45	0.035	0.94	0.378***	4.84
INDUSTRY	Yes		Yes		No	
Constant	2.474***	6.79	4.900***	6.33	－0.864	－0.97
Adjusted R^2	0.818		0.795		0.431	
N	366		366		366	

注：表5－9显示的是对经济发展影响的回归结果。表中用GDP来衡量各省的经济发展状况，GDP的数据包含1994年到2010年的各省级GDP数据。在面板A中，因变量为GDP增长率；面板B中的因变量为GDP增长的绝对值。其中，城镇就业率等于城镇就业人数除以全省总就业人数。净出口量为各省出口总量减去其进口总量。当地私人投资总量是指各省来自于私人部门的投资总量。

***：表示通过了1%的显著性水平检验。

**：表示通过了5%的显著性水平检验。

*：表示通过了10%的显著性水平检验。

5.6 结论

先前研究表明，IPO抑价这一现象广泛地存在于每一个国家的股票市场当中（Ibbotson，1975；Ritter，1991；Loughran et al.，1994；Beckman et al.，2001；Kirkulak和Davis，2005；McGuinness，1992；Saunders和Lim，1990；Lim，1991；Su和Fleisher，1999；Mok和Hui，1998；Chan et al.，2004）。IPO抑价的存在是公司金融研究领域的难题之一，吸引了众多研究人员的高度关注。在众多的影响IPO抑价的潜在因素中，本章从地方经济发展影响IPO抑价动机的角度出发，进一步分析影响IPO抑价的决定因素。

在我国政治分权体制下，地方政府官员的晋升是基于他们主政期间的经济表现，而地方经济的发展主要来自于本土企业的发展壮大。那么企业迈入资本市场进行首次公开发行股票将会是刺激企业发展的一个好机会，因为IPO能为企业的投资项目提供良好的外部资金来源。为了振兴地方经济，当地政府官员有强烈的动机支持更多的本土企业走上市之路。在此过程中，IPO抑价的存在可以为股票的顺利发行与认购提供保证。因此得出如下预测：地方经济发展状态与IPO抑价水平间存在着负相关关系。

为了验证上述观点，采用的仍然是我国IPO数据样本。数据样本是1993年到2010年在上海证券交易所和深圳证券交易所上市的2020家IPO公司。与所提出的假设一致，处于经济发展较为落后省份的公司，在IPO过程中其抑价程度显著更高。更为重要的是，这种趋势在询价机制期间表现得更加突出。因为在引入了询价机制后，发行人、承销商在确定发行价格方面有了更多的自由裁量权，由此为实现改善当地经济发展的动机提供了机会。最后，研究结果显示在过去的三年里上市的公司数量越多，当地经济在随后一年中会更显著地增长。以上结果表明，地方政府官员确实存在动机希望通过IPO抑价来确保更多的本土公司成功上市，从而达到改善当地经济状况和提升政治升迁机会的目的。

6　IPO 发行制度变迁与盈余管理

将 IPO 发行价格和每股税后收益紧密联系的网上固定价格发行机制废除后，我国 IPO 公司操纵可操控性流动应计项目（Discretionary Current Accruals，DCA）的动机和程度明显下降。研究结果表明，在固定价格发行期间，IPO 过程中公司管理层持股比例下降，促使他们进行盈余管理，调增了其会计收益，但是这种情况在询价机制下并不存在。本章还发现，在固定价格发行期间，银行债务与可操控性流动应计项目是负相关的，但是这种关系在询价制中同样不存在。财务杠杆率与盈余管理存在显著的正相关关系，然而，这种结果可能是由于非发行价格因素和内生性偏差所导致的。

6.1　引言

先前研究表明，公司在上市期间普遍存在操纵收益的现象（Aharony 等，1993；Friedlan，1994；Teoh 等，1998a，b；DuCharme 等，2001；Roosenboom 等，2003；Darrough 和 Rangan，2005）。首次公开发行对于一家公司来说是至关重要的转折点。对于公司的创办者，这是首次可以从他们的股份中得到资本收益的机会（Aharony 等，1993；DuCharme 等，2001；Brav 和 Gompers，2003；Darrough 和 Rangan，2005）。在公司的招股说明书中，财务报表对股价有着十分重要的影响。这是因为对于规模较小较为年轻的 IPO 公司来说，公开的信息很少，投资者与发行人之间存在着严重的信息不对称（Titman 和 Trueman，1986；Rao，1993；Friedlan，

1994；Teoh 等，1998a；DuCharme 等，2001）。由此，IPO 公司的管理者们，为了获得更高的发行价格，从而最大化他们的资本收益，存在着操纵收益的动机（Schipper，1989；Aharony 等，1993；Teoh 等，1998a；DuCharme 等，2001）。实际上，Darrough 和 Rangan（2005）研究结果表明 IPO 过程中盈余管理的使用会随着股份出售的增加而增加。公司上市融资可以调整其资本结构，使公司的权益资本得到提升（Pagano 等，1998）。与这个观点相一致的还有 Aharony 等（1993）得出的研究结论，Aharony 等（1993）发现，拥有高财务杠杆的美国公司在 IPO 过程中存在操纵会计收益以达到增加融资额度的目的。先前研究还表明，审计师和承销商的质量、审计委员会的存在与否、风险资本的参与、企业的成长机会和公司的规模与年龄等因素，都会影响 IPO 公司的盈余管理（Aharony 等，1993；Copley 和 Douthett，2002；Jog 和 McConomy，2003；Morsfield 和 Tan，2006；Fan，2007）。

公司金融的实证研究通常都会受到内生性问题的限制。例如，声誉较好的审计师和承销商会减少盈余管理，上述内在关系可能是由于这些公司存在某些特征（例如较为诚信的公司），从而吸引了声誉较好的审计师和承销商，并且减少了盈余管理。或者从另一个角度来看，是由于公司聘用了激进的管理者，该管理者采用了更高的财务杠杆并显著操纵了盈余，从而导致了盈余管理和杠杆的正相关关系。而在以往的金融实证研究中很难衡量这些潜在变量的影响，这是因为 IPO 实证研究通常采用的是横截面数据，从而无法使用企业的固定效应模型来控制以上潜在因素的影响。另外，先前研究也很难区分企业进行盈余管理的目的：企业使用盈余管理究竟是为了得到更高的发行价格，还是另有所图。例如，Wattes 和 Zimmerman（1990）发现，高财务杠杆率的非 IPO 公司也倾向于选择能够带来更高本期收益的会计准则。这引发了如下的思考：财务杠杆率较高的 IPO 公司进行盈余管理，仅仅是为了获得更高的发行价格吗？

本章主要使用中国近年来的 IPO 数据进行分析。在过去的几十年里，中国的 IPO 发行制度发生了巨大的变化。之前我国 IPO 发行制度采用的是固定价格发行的方式，即发行价是由 IPO 公司的会计盈余乘以管制下的固定市盈率计算出来的。固定价格发行体制下，IPO 公司为了获得更高的发行价格，存在很强的进行盈余管理的动机。然而，固定市盈率在 2005 年询价机制引入时被废除了。网上固定价格发行机制的废除，极大地减少了发行价格对盈余管理的敏感性，进而减少了企业盈余管理的动机。从以上发行制度变迁的角度来看，该制度背景为本章的研究创造了良好的环境，以验证 IPO 企业是否会因为追求更高的发行价格而进行盈余管理。为了避免内生性问题的影响，本章通过比较分析公司特性与盈余管理之间的相关性在固定价格发行机制和询价制下的不同表现，来揭示 IPO 公司盈余管理的影响因素。这一研究方法也使本章可以对企业进行盈余管理的目的加以辨别：究竟是为了获得更高的发行价格还是另有所图。

历史文献已经对中国IPO的盈余管理现象进行了一定程度的研究（Aharony等，2000，2010；Kao等，2009；Aerts和Cheng，2011）。本章进一步检验外生情况的改变如何影响IPO的盈余管理。值得注意的是，中国IPO市场存在的某些特殊因素会对企业的盈余管理存在潜在影响。首先，中国有许多IPO公司是由政府进行管控的，比如说国有企业（SOE）。中央政府直接对国有企业中的某些公司进行管控，另一些国有企业则由地方政府或者其他国有企业施以控制。由于这些国有IPO公司受到不同层级政府的管控，其盈余管理也因各级政府的动机不同而受到影响（Li等，2011）。其次，在中国，与政府存在较强政治纽带的公司可以优先获得银行贷款（Francis等，2009），这能缓和企业的资金约束，从而减少企业管理者操纵盈余的动机。本章对上述我国的特殊因素进行了整理合并，并在先前研究的基础上就此展开深入的论证分析。

本章研究了1990—2009年上海证券交易所（SHSE）和深圳证券交易所（SZSE）上市的880家公司，并选取可操控性流动应计利润（Discretionary Current Accruals，DCA）来衡量企业盈余管理程度（Teoh等，1998a，b；DuCharme等，2001，2004；Klein，2002；Roosenboom等，2003；Darrough和Rangan，2005；Othman和Zeghal，2006；Aerts和Cheng，2011）。本章样本中DCA的中位数是0.016，统计意义上显著不为0。在网上固定价格发行机制废除后，DCA出现了显著下降，说明外生情况的变化显著降低了我国IPO企业的盈余管理程度。在控制了其他影响因素的情况下，回归结果表明，网上固定价格发行期间管理层持股与DCA之间呈现负相关关系，但是这种关系在引入了询价制后并不存在。该结论也证实了IPO过程中管理层持股比例的下降，刺激了他们操纵盈余的动机，以获得更高的发行价格（Darrough和Rangan，2005）。在固定价格发行期间，银行贷款的可获得性与DCA负相关，但是在引入了询价机制之后二者之间并不存在确切关系。对此，本章的解释是，IPO企业从银行获取贷款的优先途径能降低企业的资金约束，从而降低了IPO公司为获得更高发行价格进行盈余管理的动机。本章也发现，在固定价格发行期间，由中央和地方政府控制的IPO企业存在更多的盈余管理。这个结果说明，我国政府利用固定价格发行的优势，大幅调高了会计盈余以获取更多的权益资本。

与Aharony等（1993）的结论一致，本章发现财务杠杆率（尤其是短期债务杠杆）与DCA存在正相关关系。然而，这种关系在网上固定价格发行机制废除后并没有减弱。因此，可以认为我国IPO公司的财务杠杆率与DCA的正相关关系是由于非价格因素或是内生性偏差导致的：短期杠杆率较高的 IPO 公司倾向于上调它们的收益以隐藏财务风险。存在以上特征的 IPO 公司通常采用高财务杠杆，同时会进行更为严重的盈余操纵。因此，盈余管理和财务杠杆率之间的正相关关系不能看做是 IPO 过程中特有的现象（Watts 和 Zimmerman，1990）。

本章的研究结论为学术发展作出了显著贡献。本章提出了一个稳健性的结论：在一个较少受到内生性因素影响的研究环境中，本章发现管理层持股的减少、银行贷款的可获得性和政府控制等因素，会对企业为获得更高发行价格而进行盈余管理的行为产生影响。本章是第一篇研究盈余管理和银行贷款之间相关关系的实证研究。同时利用该研究环境的优势，本章也发现了财务杠杆和盈余管理之间存在正相关关系，但是这种关系可能是由于盈余管理的其他目的或者内生性问题所导致的。

6.2 研究背景

6.2.1 IPO 发行制度的变迁

1978 年开始的经济转型和自由化实现了中国由中央计划经济向市场主导型经济的过渡。我国在 1990 年设立了上海证券交易所和深圳证券交易所，这也成为经济转型的一个重要标识。我国在 IPO 过程中发挥了重要的监管调控作用：制定了固定价格发行方式以及一系列选择公司上市的标准。在我国股票市场成立之初，股票发行价格是由网上固定价格发行机制所确定的。在这种机制下，发行价格是由每股税后净收益乘以固定市盈率决定的。中国证监会根据处于相同地区和行业的已上市公司的市盈率来决定 IPO 公司的固定市盈率。1996—2004 年，我国实行的是网上固定价格发行方式①。在 1999 年之前市盈率一直固定在 15 倍，但在 1999 年 1 月增加到了 50 倍，随后又在 2002 年降低到了 20 倍。在固定市盈率下，发行者只能提高每股收益以获得更高的发行价格，因此存在着很强的增加会计利润的动机。

然而，证监会在 2004 年 12 月废除了网上固定价格发行方法，采用了询价机制。询价机制是发达国家通常采用的一种 IPO 发行机制。在这种机制下，证券的发行价格由发行公司和主承销商根据特定时期投资者和市场中介的反馈信息共同决定。这种定价机制被视为一种灵活透明的定价机制，因为该机制减少了 IPO 过

① 虽然在 1999 年 7 月至 2001 年 6 月，中国采用了累计投标询价机制和拍卖发行机制，但主要使用的仍然是网上固定价格发行体系。

程中发行人和潜在投资者之间信息不对称的问题。更重要的是，这种变化（废除固定价格发行机制）降低了IPO公司为了获得更高发行价格而操纵会计利润的动机。

6.2.2 政府管控

我国设立股票市场的一个重要目的是为了实现国有企业改制。然而，这些企业在改制后仍由国家控制。IPO为政府提供了一个不需要通过财政支出，就可以向国有企业注入权益资本的机会。权益资本的增加不仅促进了国有企业的发展，更促进了当地经济的增长。同时国有企业成功上市也为政府带来了福利和好处，尤其是可以作为地方政府管理运行良好的一个重要标志（Li，1998；Chen等，2008）。这些因素都会促使政府将国有企业推举上市，并且通过操纵收益来获得更高的发行价格，即更多的融资额度。

我国的国有企业受到了政府的层层监管，例如中央政府、地方政府（省、市、区、县）及其他国有企业。先前研究表明，不同层级的政府在对国有企业进行管控时所采用的干预方式不同。Li等（2011）表明，地方政府会对国有企业进行更加密切且频繁的干预，因为地方政府更依赖于当地的国有企业的发展来提高地方的财政收入。Chen等（2008）认为，20世纪90年代初期分权改革给了地方政府更大的权利空间，同时也加剧了各地政府为发展地方经济对权益资本的竞争。这些事实表明，各地方政府都存在较强的利用IPO融资向国有企业注入权益资本的动机。

6.2.3 银行贷款的优先获取权

在中央计划经济期间，所有企业都是国有的且政府对每家国有企业进行预算分配，并从企业经营中获取利润（统收统支）。即使在经济转型之后，四大国有商业银行①仍然受命向国有企业提供借款，这种限制直到1998年才停止（He′ricourt和Poncet，2009；Poncet等，2010）。虽然四大国有银行的贷款限制不再存在，银行仍然认为非国有企业比国有企业存在着更大风险（Park和Sehrt，2001；He′ricourt和Poncet，2009）。事实上，由于受到政府的支持和保证，国有企业比非国有企业更容易获得银行的贷款（Tian，2001；Wang，2005）。以上内容都说明了国有企业可以优先获得银行贷款从而减少了财务限制。另外，不能获得银行贷款的公司将会面临严重的资金约束，它们更需要在资本市场中进行权益融资。因此，这些公司为了获得更高的发行价格，在IPO过程中更有可能操纵收益。

---

① 中国的四大国有商业银行是：中国银行、中国建设银行、中国工商银行和中国农业银行。

6.2.4 区域差异

从 20 世纪 80 年代开始，我国就设立了四个经济特区（SEZs），并在这些经济特区中实行很多优惠政策以吸引外国资本投资[①]。到目前为止，经济特区已扩展到 14 个开放沿海城市和开发区。在中央银行体系下，非国有企业难以从银行中获得贷款，但是如果这些企业能引进外国资本，那么也能在一定程度上缓解资金约束（He′ricourt 和 Poncet，2009；Poncet 等，2010）。事实上，处在能获得较多外国直接投资（FDI）地区的非国有企业所面临的财务限制较少，而处于 FDI 较少地区的企业所面临的资金短缺的情况更为严峻。确实，Poncet 等（2010）发现，外国资本的出现缓解了我国民营企业的信贷约束。同时，这也说明经营地位于经济特区的公司想要在 IPO 过程中提升融资额度的动机较弱。

6.3 假设、变量和样本选取

6.3.1 假设和变量

本章将使用近年来中国的数据重新检验先前研究中所发现的 IPO 过程中影响盈余管理的因素。先前研究表明，如果信誉更好的承销商和审计师参与 IPO 过程的话，IPO 企业的盈余管理现象就会有所缓解（Titman 和 Trueman，1986；Aharony 等，1993；Becker 等，1998；Klein，2002）。因此，本章就会计师事务所信誉指标设定了虚拟变量，如果企业在 IPO 过程中是由四大国际会计师事务所进行审计的，该虚拟变量取值为 1，否则为 0。这一变量用以衡量 IPO 企业的审计质量（AUDITOR）（表 6-1 包含了各种变量的定义）。但是对于 IPO 企业选择的承销商的质量本章很难做到精确，这是因为本章样本中的所有 IPO 企业都是由政府控制的国有证券公司进行保荐承销的。根据 Francis 等（2009）的研究，本章选取了发行规模最大的 100 家 IPO 公司，按承销商出现的频率高低选取了频率最高的五家承销商，以衡量承销商的信誉与质量。如果 IPO 企业是由五大承销商之一进行承销的，本章设定该虚拟变量为 1（UNDERWRITER）。

本章使用管理层持股比例在 IPO 年度和 IPO 前一年度的变化量（Ch_MANAGEROWN）来衡量企业在 IPO 过程中股票的销售数量。本章预测 Ch_MANAGEROWN 对盈余管理存在负的影响（Aharony 等，1993；DuCharme 等，2001；Darrough

---

① 中国的四个经济特区：深圳、珠海、汕头和厦门。开放沿海城市：大连、秦皇岛、天津、烟台、青岛、连云港、南通、上海、宁波、温州、福州、广州、湛江和北海。开发区：海南经济特区和上海浦东新区。

和Rangan, 2005)。Peasnell等(2005)的研究表明,独立董事的存在可以有效降低利润操纵现象。因此本章采用独立董事占所有董事人数(INDIR)的百分比来衡量控制该变量的影响。由于审计委员会在财务报表的制作中起到至关重要的作用(Peasnell等, 2005),本章将对此设定虚拟变量,拥有审计委员会的公司该变量取值为1,否则设定为0(A_COMMITTEE)。历史文献表明,经营历史更长的企业不正常应计项目会更少(Bergstresser和Philippon, 2006; Burgstahler等, 2006; Fan, 2007)。因此本章使用企业年龄(AGE)来控制它的影响。Aharony等(1993)及Bergstresser和Philippon(2006)提出,企业进行盈余管理的水平与公司规模存在负相关关系,因此本章使用总资产的自然对数来衡量公司规模的大小(LNASSET)。Aharony等(1993)发现,在美国,IPO过程中存在杠杆率和盈余管理存在正相关关系。这是因为较为年轻的公司拥有更多的增长机会,因此希望通过权益融资降低财务杠杆进而减少公司面临的破产成本和代理成本(Jensen和Meckling, 1976; Myers, 1977; Pagano等, 1998)。上述事实说明了高财务杠杆企业为了获得更高的发行价格来降低债务风险因而具有较强的操纵收益的动机。本书将使用总债务比总资产(LEVERAGE)来计算财务杠杆率来检验上述假设。

正如前文所赘述的,我国资本市场存在一些独有特征,包括IPO发行制度的变迁、政府管制、银行贷款的优先权和区域差异等因素,这些特有因素都会影响IPO企业的盈余管理。首先,为了检验政府管控带来的影响,本章对政府管控指标设立了虚拟变量(D_SOE),当IPO企业为国有企业时该变量取值为1,其余为0。其次,如前文提到的那样不同层级的政府会对IPO企业的盈余管理产生不同的影响。因此本章引入三个虚拟变量:中央政府控制的国有企业(SOE_C),该变量是指当国有企业的绝对控股股东为中央政府时,变量取值为1;地方政府控制的国有企业(SOE_L),该变量是指当国有企业的绝对控股股东为地方政府时,变量取值为1;国有企业控制的国有企业(SOE_S),该变量是指当国有企业的绝对控股股东为另一家国有企业时,变量取值为1。

表6-1　　变量的定义

变量	定义
DCA	以Teoh等(1998a, b)的方法计算的可操作性流动应计项目
AUDITOR	虚拟变量:若企业使用四大国际会计师事务所进行审计则取值为1,否则为0
UNDERWRITER	虚拟变量:若企业由五大承销商进行承销则取值为1,否则为0
Ch_MANAGEROWN	IPO年度和IPO前一年度,企业经理和所有者持股比例百分比的变化
INDIR	独立董事占所有董事人数的百分比
A_COMMITTEE	虚拟变量:若企业有审计委员会则取值为1,否则为0

续表

变量	定义
AGE	企业在 IPO 时的年龄
LNASSET	总资产对数
LEVERAGE	总负债除以总资产
SLEVER	短期负债除以总资产
LLEVER	长期负债除以总资产
BOOKBUILD	虚拟变量：若企业是在 2005 年之后上市的则取值为 1，否则为 0
P/E_20	虚拟变量：若企业是在 2002—2004 年上市的则取值为 1，否则为 0
D_SOE	虚拟变量：若该企业是国有企业则取值为 1，否则为 0
SOE_C	虚拟变量：若该国有企业是由中央政府进行管控的则取值为 1，否则为 0
SOE_L	虚拟变量：若该国有企业是由当地政府进行管控的则取值为 1，否则为 0
SOE_S	虚拟变量：若该国有企业是由其他国有企业进行管控的则取值为 1，否则为 0
SOE_G	虚拟变量：若该国有企业是由中央或者当地政府进行管控的则取值为 1，否则为 0
BANKL	虚拟变量：如果该企业在 IPO 年度之前发行了银行债则取值为 1，否则为 0
BANKDEBT	银行债除以总负债
COASTALREGION	虚拟变量：如果该企业位于吸引外商资本排名前五位的省份则取值为 1，否则为 0

再次，如果一家 IPO 企业能较容易获得银行贷款，那么该企业所面临的资金约束也较少，因此为了获得更高发行价格而进行盈余管理的动机也就较少。为了验证这个想法，本章不仅使用了银行借款除以负债（BANKDEBT）作为衡量银行贷款优先获取的变量，还设定了一个虚拟变量（BANKL），如果企业能获得银行贷款那么该变量取值为 1，其余为 0。同时，Poncet 等（2010）发现，外国企业的投资缓解了中国民营企业的信贷约束，这个说法表明：位于可以吸引较多外国资本城市的企业，想要通过操纵盈余抬高其收益的动机相对较小。如果 IPO 企业位于吸引外商投资额度排名前五名的省份或地区，那么该虚拟变量取值为 1，否则为 0（COASTALREGION）。

最后，由于中国废除了网上固定价格发行方法，并在 2004 年 12 月采取了询价机制，所以这种发行制度的变化减少了 IPO 企业为了获得较高发行价格进行盈余管理的动机。本章设定虚拟变量 BOOKBUILD 来控制 IPO 发行制度变迁的影响，对 2005 年之后上市的公司取值为 1，其余取值为 0（BOOKBUILD）。还需要强调的是，如果上述先前研究中所提出的指标确实为促使 IPO 公司为获得更高发行价格而操纵收益的影响因素，那么在本章中会发现与固定价格发行机制下的结论相比，这些指标对IPO盈余管理的影响在询价机制下更弱。

6.3.2 盈余管理变量

到目前为止，研究中国IPO公司盈余管理的文章为数不多。其中，Aharony等（2000）研究表明，向外国投资者出售股份的中国国有企业通常要在IPO之前操纵收益。Aharony等（2010）发现，在1999—2001年上市的我国公司中，有185家试图使用关联方销售来提高收益。Kao等（2009）发现，政府监管会对企业在IPO期间的经营成果报告和收益预测产生影响。以上研究均采用了资产收益率（净利润除以资产总额，即ROA）来衡量中国IPO企业在2000年前的盈余管理情况。而Aerts和Cheng（2011）则采用修正的Jones模型，来研究中国IPO企业在2007—2008年信息披露对盈余管理的影响。更进一步来说，近年来的外国文献通常都采用修正Jones模型来衡量盈余管理的程度（Teoh等，1998a，b；DuCharme等，2001，2004；Klein，2002；Roosenboom等，2003；Darrough和Rangan，2005；Othman和Zeghal，2006）。Dechow等（1995）对其他应计项目模型进行了研究，并表示修正Jones模型是研究盈余管理最有力的方法。因此，本章遵循以上先前研究的方法决定使用修正Jones模型来衡量样本公司的盈余管理。

Teoh等（1998a，b）将总应计项目分为流动项目和长期项目，并指出这样可以更为灵活地处理当期应计项目。本章以如下方式计算应计项目（CA）：

$$CA \equiv \Delta[\text{应收账款}+\text{存货}+\text{其他流动资产}]-\Delta[\text{应付账款}+\text{应交税费}+\text{其他流动负债}] \tag{1}$$

流动项目可以进一步分为非操控性应计项目和DCA，非操控性应计项目受到商业情况、法规和机构的影响（Roosenboom等，2003）。本章将DCA作为研究中的关键变量，并使用截面的修正Jones模型来估算非操控性流动应计项目。对于每家IPO公司，本章使用IPO年度中，除IPO公司（估计样本）外的全部相同行业的公司来进行估计。

$$\left(\frac{CA_{j,t}}{TA_{i,t-1}}\right)=\alpha_0\left(\frac{1}{TA_{i,t-1}}\right)+\alpha_1\left(\frac{\Delta Sales_{j,t}}{TA_{i,t-1}}\right)+\varepsilon_{j,t}\,j$$

$$j \in \text{估计样本}, \tag{2}$$

其中，$\Delta Sales$销售是销售量的变化，TA是总资产。下标j和t分别代表企业和年份。IPO企业i的非操作性流动应计项目通过下式进行计算：

$$NDCA_{i,t}=\hat{\alpha}_0\left(\frac{1}{TA_{i,t-1}}\right)+\hat{\alpha}_1\left(\frac{\Delta Sales_{i,t}-\Delta AC_{i,t}}{TA_{i,t-1}}\right) \tag{3}$$

其中，$\hat{\alpha}_0$、$\hat{\alpha}_1$是等式（2）的估计系数。ΔAC是应收账款的变化量。IPO企业i的DCA通过下式进行计算：

$$DCA_{i,t} \equiv \frac{CA_{i,t}}{TA_{i,t-1}} - NDCA_{i,t} \tag{4}$$

6.3.3 样本选取

本章分析了中国 A 股 1999—2009 年在上海证券交易所和深圳证券交易所的 IPO 情况。本章从中国经济金融数据库（CCER）获取了 IPO 企业发行年份的公司财务和所有权结构数据，并从每个公司的招股说明书中手动收集了 IPO 发行前的数据。本章的研究数据从 1999 年开始，是因为 CCER 数据库中的所有权数据库是从该年开始的。同时，样本中不包含发行 B 股的企业，是因为在该样本期间中只有 6 家企业发行了 B 股①。本章的研究也不包括金融行业的公司，因为其资产负债表与其他行业的企业有所不同。因此，本章的样本中共包括了 880 家公司，其中 456 家在上海证券交易所挂牌，424 家在深圳证券交易所挂牌。本章的样本规模较之前的研究来说更为全面（Aharony 等，2000，2010；Kao 等，2009；Aerts and Cheng，2011）。

表 6－2　　样本分布

IPO 年份	IPO 的数量			
	SHSE	SZSE	总计	（%）
面板 A：按 IPO 年份分布统计				
1999	40	51	91	10.4
2000	86	46	132	14.9
2001	74	0	74	8.4
2002	68	1	69	7.8
2003	65	0	65	7.5
2004	61	39	100	11.4
2005	2	12	14	1.5
2006	8	52	60	6.8
2007	8	99	107	12.2
2008	4	70	74	8.4
2009	40	54	94	10.7
总计	456	424	880	100

① Aharony et al.（2000）采用了 1992 年至 1995 年 B 股和 H 股的 IPO 数据，研究国有企业在 IPO 前后收益方式的变化。相反，Kao et al.（2009）使用 1996 年至 1999 年的 A 股样本研究了中国政府对盈余管理的影响。我们选择了与 Kao et al.（2009）一致的研究方式，因为香港市场（H 股）中并不存在由固定价格发行向累计投标询价机制的转变。我们也考虑了不同类型的股票在不同环境下的交易状况。会计准则在中国内地和中国香港有所不同，B 股是以外币交易的股票（美元或者港币）。使用 A 股数据能使我们更好地进行研究。

续表

IPO 年份	IPO 的数量			
	SHSE	SZSE	总计	（%）
面板 B：按产业分布统计				
产业	SHSE	SZSE	总计	（%）
农业、渔业、畜牧业	17	10	27	3.1
矿业	18	8	26	2.8
制造业	279	305	584	66.4
电力、天然气、水	20	8	28	3.2
建造业	17	9	26	3.0
运输仓储	29	8	37	4.2
信息产业	31	36	67	7.6
批发零售	14	13	27	3.1
房地产	8	6	14	1.6
社会服务	15	15	30	3.4
传媒	3	4	7	0.8
综合	5	2	7	0.8
总计	456	424	880	100

注：此表列示了按首次公开发行（IPO）年份和行业分类的样本分布。本章的样本由1999—2009年在上海证券交易所和深圳证券交易所上市的880家企业组成。

表6-2的面板A是样本的年度分布状况。在研究年度中，IPO市场在2000年、2004年和2007年更为活跃。面板B是样本公司的行业分布情况，制造企业在取样公司中占到了很大的比例。

表6-3　　描述性统计

	平均值	标准差	最小值	中位数	最大值	N
面板 A：盈余管理						
DCA	0.003	0.364	3.254	0.016***	4.770	880
T检验/Z-统计量	0.27			2.89		
面板 B：非虚拟变量						
Ch_MANAGEROWN（IPO之前和之后）（%）	-4.22	7.58	-31.71	0.00	0.00	875
INDIR（%）	23.92	17.01	0.00	33.33	77.8	877
LEVERAGE（IPO的前一年度）（%）	53.66	15.11	0.00	56.42	96.77	876
LEVERAGE（IPO年度）（%）	42.81	18.84	0.00	42.65	93.43	879
BANKDEBT（%）	9.905	17.039	0.00	0.00	85.482	878
AGE	4.341	3.505	0.000	3.000	20.000	880
Total Assets	2881.7	18764.6	91.33	710.77	360	879

续表

	平均值	标准差	最小值	中位数	最大值	N
	观测值取值为 1 的个数及百分比			观测值取值为 0 的个数及百分比		
面板 C：虚拟变量						
AUDITOR	44	5.00%		836	95.00%	
UNDERWRITER	215	24.46%		664	75.54%	
A_COMMITTEE	384	43.69%		495	56.31%	
BOOKBUILD	349	39.64%		531	60.36%	
D_SOE	492	55.91%		387	44.09%	
SOE_C	21	2.38%				
SOE_L	156	17.73%				
SOE_S	315	35.80%				
BANKL	400	45.45%		480	54.55%	
COASTALREGION	357	40.66%		521	59.20%	

注：此表列示了整个样本空间的描述性统计。面板 A 中是代表盈余管理的变量（DCA）；面板 B 和面板 C 分别是非虚拟变量和虚拟变量。样本公司由 1999—2009 年在上海证券交易所和深圳证券交易所上市的 880 家企业组成。变量的定义见表格 6－1。

***：表示通过了 1% 的显著性水平检验。

表 6－3 是整个样本的描述性统计。表 6－3 的面板 A 是 IPO 过程中整个样本的 DCA 值。虽然 DCA 的均值在统计检验上与 0 无显著差异，但是 DCA 的中位数 0.016 在 1% 的置信区间下显著不为 0，这说明中国的企业在 IPO 年度确实存在调增其会计收益的操纵情况。

在本章的样本中，只有 44 家公司（5%）聘请了具有国际声誉的会计公司进行审计；样本中大约 24% 的公司在 IPO 过程中选择了前五名的承销商（表 6－3 的面板 C）。在实施了询价机制之后，共有 349 家（大约 40%）企业上市。样本公司中，共有 492 家（大约 55.91%）是国有企业，其中 156 家（大约 31.71%）由地方政府控制。BANKL 的数据表明，本章的样本中只有 45% 的公司（大约 400 家）在 IPO 的前一年度获得了银行贷款。本章的研究样本中共有 357 家公司（大约 41%），位于吸引外资排名前五位的省份或地区。

6.4 研究结果

6.4.1 单变量分析

表 6－4 是单变量的检验结果。本章根据不同的变量将样本分成若干组，并比

较每组 DCA 均值的大小。对于虚拟变量，按照变量 0 与 1 的取值，本章简单地将样本公司分为两组（面板 A）。在面板 B 中，本章根据非虚拟变量进行了分组：对于 LEVERAGE（IPO 前一年度的数据）和 INDIR（IPO 年度数据），样本公司均等的分成四组（第四组是数值最高的）。对于 Ch_MANAGEROWN，该变量有很多观测值都为 0，因此归为一组（第三组），并将余下的公司均等的分为两组（第一组是管理层持股减少最多的）。对于 BANKDEBT，本章将该变量为 0 的观测值归为一个小组（第一组），并且将其余的公司均等的分为两组（第三组具有最高的银行贷款除以负债比率）。

表 6－4　　子样本的可操控性流动应计项目

	取值为 0 的观测值	取值为 1 的观测值	差别	T 检验
面板 A：虚拟变量的子样本 DCA 均值				
BOOKBUILD 子样本				
整个样本	0.008	－0.004	－0.012	－0.45
AUDITOR 子样本				
整个样本	0.002	0.036	0.034	0.61
固定价格发行期间	0.007	0.034	0.027	0.33
询价机制	－0.006	0.037	0.043	0.58
UNDERWRITER 子样本				
整个样本	0.004	0.001	－0.003	－0.09
固定价格发行期间	0.004	0.019	0.015	0.4
询价机制	－0.002	－0.009	－0.007	－0.14
A_COMMITTEE 子样本				
整个样本	0.005	0.001	－0.004	－0.17
固定价格发行期间	－0.001	0.049	0.05	1.11
询价机制	0.055	－0.013	－0.068	－1.28
D_SOE 子样本				
整个样本	0.006	0.001	－0.005	－0.22
固定价格发行期间	0.045	－0.005	－0.05	－1.33
询价机制	－0.014	0.025	0.039	0.96
BANKL 子样本				
整个样本	0.016	－0.012	－0.028	－1.12
固定价格发行期间	0.064	－0.042	－0.106***	－3.25
询价机制	－0.036	0.061	0.097**	2.53
COASTALREGION 子样本				
整个样本	－0.009	0.021	0.03	1.17
固定价格发行期间	－0.001	0.027	0.028	0.79
询价机制	－0.025	0.015	0.04	1.11

续表

	第1组（最低组）	第2组	第3组	第4组（最高组）	最高组 VS 最低组	
					差别	T检验
面板 B：非虚拟变量的子样本 DCA 均值						
Ch_MANAGEROWN 子样本						
整个样本	0.001	0.011	0.002		0.0001	0.02
固定价格发行期间	0.009	0.103	-0.029		-0.038	-0.94
询价机制	-0.023	-0.018	0.053		0.076	1.55
INDIR 子样本						
整个样本	-0.060	0.036	0.023	0.037	0.097**	2.46
固定价格发行期间	-0.060	0.036	0.080	0.121	0.181***	2.80
询价机制	-0.111	0.039	-0.006	-0.000	0.111	0.48
LEVERAGE 子样本						
整个样本	-0.033	-0.026	0.020	0.0054	0.087***	2.61
固定价格发行期间	-0.016	-0.038	0.018	0.069	0.085*	1.84
询价机制	-0.056	-0.006	0.028	0.050	0.0106**	2.08
BANKDEBT 子样本						
整个样本	0.016	0.033	-0.049		-0.065**	-2.04
固定价格发行期间	0.064	0.000	-0.072		-0.0136***	3.39
询价机制	-0.036	0.073	0.063		0.099	1.63

注：此表格中列示了在不同分组情况下对盈余管理变量（DCA）的对比分析。在面板 A 中，本章根据虚拟变量将样本公司分为两组，并分别计算了每组 DCA 的均值。在整个样本空间上，本章也分别对固定价格发行期间和询价机制下的情况进行了分析。在面板 B 中，本章根据非虚拟变量进行分类，并分别计算了子样本 DCA 的均值。对于 INDIR 和 LEVERAGE，本章将子样本公司均匀的分成四组（第4组是最高组）。对于 Ch_MANAGEROWN，其大多数观测值的取值为0，本章将取值为0的公司分为一组（第3组），并将其余的公司均等的分为两组（第1组是管理层持股比例减少最多的一组）。对于 BANKDEBT，其中很多观测值取值为0（第1组），并将其余的公司分为均等的两组（第3组是 BANKDEBT 最大的一组）。T 检验的原假设是：两组（面板 A）的 DCA 均值存在显著差异，或者最低和最高组（面板 B）存在显著差异。变量的定义见表6－1。

***：表示通过了1%的显著性水平检验。

**：表示通过了5%的显著性水平检验。

*：表示通过了10%的显著性水平检验。

表6－4的面板 A 说明，在询价机制下，公司在上市过程中会通过操纵下调会计收益。虽然两个定价时期的 DCA 均值没有显著差异，但这一结果仍然说明了固定价格发行体制的废除减少了 IPO 企业为了获得更高发行价格进行盈余管理的动机。本章发现，在 IPO 之前发行银行债的企业并没有在 IPO 时进行上调收益的操作（DCA 的均值是－0.012）。重要的是，固定价格发行体制下，在 IPO 前一年度获得银行贷款的企业的 DCA 均值是－0.042，在1%的水平下显著低于在 IPO 之前无银行贷款的企业（DCA 的均值是0.064）。相反，在询价机制下这两组呈现出相反的关系。这说

明：优先获得银行借款减少了企业的资金约束，从而减弱了这些公司为获得较高发行价格而进行盈余管理的动机。单变量分析中没有得出承销商和审计单位的声誉、审计委员会的存在与否，IPO企业所在地区与DCA存在显著关系。

与Aharony等（1993）的研究相一致，在表6－4的面板B中，对于整个估计样本来说，DCA与LEVERAGE在整个样本下呈现出清晰一致的正相关关系。在财务杠杆率最高组与最低组的比较分析中发现两组的DCA的区别（0.087）在经济意义上和统计意义上都存在着显著差异。本章也发现，在固定价格发行和询价机制下，财务杠杆率最高组的DCA值显著大于最低组的DCA值。这个结果证明了：具有高杠杆率的IPO公司会为了获得高发行价格而进行盈余管理。同时，本章发现了DCA和BANKDEBT之间存在着显著的负相关关系，尤其是在固定价格发行期间。该结果证实了银行贷款的优先获得权减少了企业的资金约束，从而减弱了这些公司为了获得较高发行价格而进行盈余管理的动机。DCA和INDIR之间存在着显著的正相关关系，这与独立董事可以减弱IPO公司盈余管理的说法不符。单变量检验没有发现DCA和Ch_MANAGEROWN之间存在明确相关关系。

6.4.2 回归结果

为了进一步检验前文中提出的假设，本章将DCA定为因变量进行回归分析。根据先前研究，本书选取了AUDITOR、UNDERWRITER、Ch_MANAGEROWN、INDIR、A_COMMITTEE、AGE、LNASSET和LEVERAGE作为自变量。同时也包含了代表我国股票市场特性的指标：BOOKBUILD、D_SOE、BANKL（或BANKDEBT）和COASTALREGION。每个回归剔除了因变量取值高于（低于）它自身99%（1%）的观测量来处理异常值。当必要的自变量不可用时，本章也从分析中删除该观测值。表6－5说明自变量之间不存在明显的相关关系。

表6－6显示了整个样本期间的回归结果。模型1—模型4说明BOOKBUILD具有显著为负的系数。本样本中的DCA均值是0.003，该变量的估计系数在经济意义上是显著的。这个结果证实了本章的假设：在控制各种因素后，询价机制的引入极大地降低了中国企业在IPO过程中进行操纵增加收益的动机。本章还发现，LEVERAGE在所有模型中均有正的显著的系数。这与Aharony等（1993）在研究美国企业时所得结论相同。表6－6所有模型的结果均显示BANKL和BANKDEBT对DCA具有显著的负的影响。这个结果证明：获得银行贷款的IPO公司融资条件更为宽松，因此它们不需要进行盈余操纵调高收益。一方面，模型1和模型2中D_SOE对DCA的影响不显著；另一方面，模型3和模型4显示，由地方政府管控的国有企业变量与盈余管理之间具有显著的正相关关系。

表 6 – 5 相关系数矩阵

	AUDITOR	UNDERWRITER	Ch_MAN – AGEROWN	INDIR	A_COM – MITTEE	AGE	LNAS – SET	LEVER – AGE	D_SOE	BANKL	COASTALREGION
AUDITOR	1										
UNDERWRITER	0. 064	1									
Ch_MANAGEROWN	−0. 004	0. 15	1								
INDIR	0. 142	−0. 167	−0. 398	1							
A_COMMITTEE	0. 026	−0. 088	−0. 364	0. 312	1						
AGE	0. 022	−0. 086	−0. 213	0. 389	0. 365	1					
LNASSET	0. 367	0. 256	0. 28	−0. 014	−0. 072	−0. 076	1				
LEVERAGE	0. 079	0. 005	0. 052	0. 025	−0. 011	−0. 016	0. 215	1			
D_SOE	−0. 002	0. 174	0. 578	0. 438	−0. 379	−0. 304	0. 314	0. 034	1		
BANKL	−0. 022	0. 027	0. 208	0. 255	−0. 226	−0. 125	0. 188	0. 139	0. 22	1	
COASTALREGION	0. 083	−0. 009	−0. 232	0. 264	0. 159	0. 157	−0. 038	0. 04	−0. 358	−0. 136	1

表 6-6　　横截面回归结果

因变量	DCA							
	模型 1		模型 2		模型 3		模型 4	
	系数	T 检验	系数	T 检验	系数	T 检验	系数	T 检验
AUDITOR	-0.040	-1.45	-0.041	-1.50	-0.035	1.29	-0.036	-1.35
UNDERWRITER	0.001	0.05	-0.005	-0.27	0.004	0.23	-0.001	-0.08
Ch_MANAGEROWN	-0.153	-1.14	-0.153	-1.15	-0.169	-1.25	-0.167	-1.25
INDIR	0.267***	5.08	0.229***	4.45	0.266***	4.91	0.228***	4.30
A_COMMITTEE	-0.016	-1.04	-0.014	-0.95	-0.016	-1.07	-0.015	-0.97
AGE	0.001	0.59	0.001	0.49	0.001	0.37	0.001	0.26
LNASSET	0.029***	3.64	0.031***	3.84	0.030***	3.72	0.031***	3.92
LEVERAGE	0.196***	3.58	0.189***	3.48	0.199***	3.62	0.190***	3.50
BOOKBUILD	-0.053***	-2.86	-0.053***	-2.92	-0.048***	-2.62	-0.049***	-2.69
D_SOE	0.016	0.78	0.02	0.99				
SOE_C					-0.036	-0.84	-0.033	-0.77
SOE_L					0.041*	1.84	0.043**	1.97
SOE_S					0.015	0.63	0.019	0.82
BANKL	-0.053***	-3.49			-0.056***	-3.68	-0.059***	-3.85
BANKDEBT			-0.263***	-5.70			-0.268***	-5.78
COASTALREGION	0.006	0.4	0.006	0.42	0.006	0.38	0.006	0.40
Constant	-0.736***	-4.47	-0.753***	-4.61	-0.747***	-4.58	-0.763***	-4.70
Adjusted R^2	0.074		0.098		0.078		0.102	
N	846		851		846		851	

注：此表列示了可操控性流动应计项目（DCA）的回归结果，DCA 用以代表 IPO 过程中盈余管理。样本由 1999—2009 年在上海证券交易所和深圳证券交易所上市的 880 家企业组成。在每个回归中，本章删除因变量取值高于（低于）它自身 99%（1%）的观测量来处理异常值。当必要变量不可用时，本章也从分析中删除该观测值。变量的定义见表 6-1。

***：表示通过了 1% 的显著性水平检验。

**：表示通过了 5% 的显著性水平检验。

*：表示通过了 10% 的显著性水平检验。

对于其他变量，AUDITOR、UNDERWRITER、Ch_MANAGEROWN、A_COMMITTEE 和 AGE 在整个样本区间的系数均不显著。INDIR 的系数为正但不显著，说明具有更多独立董事的企业在 IPO 期间进行了更多的盈余管理。这可能是因为中国企业的独立董事并不是真正独立的，因此没有起到监督管理的作用（Wang，2007）。同时发现我国的大型 IPO 企业比小型企业进行了更多的盈余管理。

虽然本章发现了 LEVERAGE、BANKL、BANKDEBT、SOE_L 对 DCA 有显著影响，但这可能是由于潜在的内生性问题导致的。一些难以观测的变量可能会同时对 DCA 和以上因素产生影响，这也可能是因为具有某些特性的公司通过操纵收益以达到不同的目的。前面的分析已经清晰说明了在废除了固定价格发行体制之后，中国企业进行盈余管理的动机有所减弱。如果之前的研究结论确实是因为 IPO 公司以获得更高的发行价格而进行的盈余管理而产生的，那么就会发现在实施了询价机制后，这些变量和 DCA 之间的关系会有所减弱。同样，在全样本研究下系数不显著的变量在固定价格发行机制下也可能对 DCA 产生显著影响。为了进一步解决内生性问题，本章将样本分为固定价格发行区间（1999—2004 年）和累计投标询价区间（2005—2009 年）两个子样本并分别对两个子样本进行回归。

表 6－7 的面板 A 是固定价格发行体制期间的回归结果。与前文的分析一致：具有更高财务杠杆的企业进行了更多的会计收益操纵以提高它们的收益。然而，表 6－7 的面板 B（询价机制期间的回归结果）也显示出了 LEVERAGE 有正的显著的系数。按照本章的假设，IPO 企业为了获得更高发行价格而进行盈余管理的动机在询价机制下本应有所下降，但是在表 6－7 面板 B 中的 LEVERAGE 的绝对值反而变大了。表 6－7 的面板 C 检验了一些自变量和 BOOKBUILD 的交互项对 DCA。这个分析进一步确认了 LEVERAGE 的作用效果并没有在询价机制下有所减弱。因此，以上结果都证实了财务杠杆率和可操控应计项目之间的正相关关系是由 IPO 企业的非发行价格因素或者其他隐含因素的影响导致的。

表 6－7　　回归结果：固定价格发行期间 VS 询价机制

因变量	DCA							
	模型 1		模型 2		模型 3		模型 4	
	系数	T 检验	系数	T 检验	系数	T 检验	系数	T 检验
面板 A：固定价格发行期间								
AUDITOR	－0. 064	－1. 58	－0. 079**	－1. 99	－0. 064	－1. 58	－0. 078**	－1. 98
UNDERWRITER	0. 031	1. 61	0. 021	1. 15	0. 032*	1. 66	0. 022	1. 19
Ch_MANAGEROWN	－0. 466***	－2. 83	－0. 434***	－2. 69	－0. 471***	－2. 86	－0. 438***	－2. 72
INDIR	0. 277***	5. 17	0. 248***	4. 65	0. 264***	4. 87	0. 235***	4. 32
A_COMMITTEE	－0. 007	－0. 38	－0. 006	－0. 33	－0. 006	－0. 30	－0. 005	－0. 25
AGE	0. 008**	2. 40	0. 006*	1. 77	0. 007**	2. 04	0. 004	1. 38
LNASSET	0. 047***	5. 24	0. 049***	5. 52	0. 048***	5. 33	0. 050***	5. 6
LEVERAGE	0. 164***	2. 59	0. 147**	2. 42	0. 168***	2. 62	0. 152**	2. 47
D_SOE	0. 033	1. 38	0. 028	1. 26				
SOE_C					0. 065*	1. 83	0. 062	1. 65
SOE_L					0. 052*	1. 93	0. 048*	1. 85
SOE_S					0. 02	0. 77	0. 015	0. 61
BANKL	－0. 097***	－5. 66			－0. 098***	－5. 68		
BANKDEBT			－0. 326***	－6. 75			－1. 144***	－6. 07
COASTALREGION	0. 014	0. 84	0. 011	0. 72	0. 013	0. 82	0. 011	0. 70
Constant	－1. 114***	－5. 79	－1. 134***	－6. 02	－1. 124***	－5. 85	－1. 144***	－6. 07
Adjusted R^2	0. 200		0. 235		0. 204		0. 240	
N	516		518		516		518	

续表

因变量	DCA							
	模型 1		模型 2		模型 3		模型 4	
	系数	T 检验	系数	T 检验	系数	T 检验	系数	T 检验
面板 B：询价机制下的子样本回归结果								
AUDITOR	0.033	0.77	0.042	1.02	0.034	0.81	0.042	1.02
UNDERWRITER	-0.045	-1.29	-0.046	-1.29	-0.046	-1.26	-0.046	-1.24
Ch_MANAGEROWN	0.059	0.31	0.066	0.34	0.036	0.19	0.038	0.20
INDIR	-0.291	-1.48	-0.287	-1.45	-0.276	-1.39	-0.270	-1.34
A_COMMITTEE	0.003	0.12	-0.000	-0.01	0.007	0.24	0.004	0.13
AGE	-0.004	-1.16	-0.004	-1.17	-0.004	-1.22	-0.004	-1.25
LNASSET	-0.012	-0.74	-0.011	-0.68	-0.012	-0.70	-0.010	-0.61
LEVERAGE	0.285***	3.04	0.287***	3.01	0.290***	3.10	0.292***	3.08
D_SOE	0.019	0.51	0.021	0.54				
SOE_C					0.007	0.10	-0.002	-0.03
SOE_L					0.015	0.42	0.018	0.49
SOE_S					0.053	1.01	0.058	1.11
BANKL	0.039	1.38			0.036	1.25		
BANKDEBT			0.092	0.80			0.073	0.65
COASTALREGION	-0.007	-0.24	-0.005	-0.16	-0.005	-0.17	-0.002	-0.09
Constant	0.231	0.76	0.223	0.73	0.208	0.66	0.184	0.58
Adjusted R^2	0.067		0.062		0.070		0.066	
N	330		333		330		333	
面板 C：包含交互项的全样本回归结果								
AUDITOR	-0.037	-1.39	-0.041	-1.53	-0.042	-1.54	-0.045*	-1.67
UNDERWRITER	0.000	0.00	-0.005	-0.28	-0.002	-0.14	-0.008	-0.43
Ch_MANAGEROWN	-0.540***	-3.26	-0.499***	-3.11	-0.541***	-3.27	-0.500***	-3.12
Ch_MANAGEROWN * BOOKBUILD	0.524**	2.15	0.487**	2.02	0.530**	2.18	0.496**	2.06
INDIR	0.201***	3.70	0.174***	3.23	0.196***	3.62	0.170***	3.16
A_COMMITTEE	0.001	0.05	0.000	0.01	0.001	0.08	0.001	0.03
AGE	0.001	0.21	-0.001	-0.13	0.001	0.34	-0.000	-0.01
LNASSET	0.030***	3.79	0.032***	4.01	0.028***	3.67	0.030***	3.90
LEVERAGE	0.076*	1.67	0.060	1.43	0.076*	1.66	0.060	1.43
LEVERAGE * BOOKBUILD	0.111	1.41	0.128	1.63	0.105	1.33	0.123	1.57

续表

因变量	DCA							
	模型 1		模型 2		模型 3		模型 4	
	系数	T 检验	系数	T 检验	系数	T 检验	系数	T 检验
面板 C：包含交互项的全样本回归结果								
BOOK BUILD	-0.113***	-2.63	-0.104**	2.45	-0.112***	-2.60	-0.102**	-2.41
SOE_C	0.063*	1.78	0.061	1.56				
SOE_L	0.066**	2.45	0.064**	2.46				
SOE_S	0.027	1.14	0.025	1.1				
SOE_C * BOOKBUILD	-0.148**	-2.31	-0.149**	-2.25				
SOE_L * BOOKBUILD	-0.055	-1.40	-0.055	-1.41				
SOE_G					0.067**	2.54	0.065**	2.55
SOE_S					0.028	1.19	0.026	1.15
SOE_G * BOOKBUILD					-0.078**	-2.07	-0.079**	-2.09
BANKL	-0.094***	-5.30			-0.093***	-5.31		
BANKL * BOOKBUILD	0.101***	3.09			0.107***	3.28		
BANKDEBT			-0.330***	-6.62			-0.329***	-6.62
BANKDEBT * BOOKBUILD			0.346***	2.91			0.358***	3.00
COASTALREGION	0.009	0.57	0.007	0.47	0.010	0.65	0.008	0.54
Constant	-0.670***	-4.05	-0.688***	-4.22	-0.637***	-3.94	-0.657***	-4.11
Adjusted R^2	0.099		0.122		0.097		0.120	
N	854		854		854		854	

注：此表列示了可操控性流动应计项目（DCA）的回归结果，DCA 用以代表 IPO 过程中收益管理。样本由 1999—2009 年在上海证券交易所和深圳证券交易所上市的 880 家企业组成。在每个回归中，本章删除因变量取值高于（低于）它自身 99%（1%）的观测量来处理异常值。当必要变量不可用时，本章也从分析中删除该观测值。面板 A 列示了固定价格发行方法的回归结果；面板 B 列示了询价机制的回归结果；面板 C 列示了整个研究时期内的回归结果，并包含了关键变量和 BOOKBUILD 之间的作用关系。变量的定义见表 6－1。

***：表示通过了 1% 的显著性水平检验。

**：表示通过了 5% 的显著性水平检验。

*：表示通过了 10% 的显著性水平检验。

表 6 – 8　　　　　　　　回归结果：短期债务 VS 长期债务

因变量	DCA					
	模型 1		模型 2		模型 3	
	固定价格发行		询价机制		整个研究时间	
	系数	T 检验	系数	T 检验	系数	T 检验
AUDITOR	-0.076**	-2.16	0.026	0.60	-0.052**	-2.03
UNDERWRITER	0.025	1.18	-0.050	-1.29	-0.009	-0.48
Ch_MANAGEROWN	-0.356**	-2.26	0.139	0.68	-0.374**	-2.39
Ch_MANAGEROWN * BOOKBUILD					0.484*	1.93
INDIR	0.226***	3.74	-0.290	-1.31	0.153**	2.53
A_COMMITTEE	0.009	0.44	0.020	0.64	0.013	0.78
AGE	0.005	1.40	-0.005	-1.27	-0.000	-0.13
LNASSET	0.046***	5.01	-0.010	-0.54	0.029***	3.66
SLEVER	0.180**	2.56	0.288**	2.26	0.168**	2.37
SLEVER * BOOKBUILD					-0.034	-0.24
LLEVER	0.112	1.25	0.032	0.14	0.135	1.48
LLEVER * BOOKBUILD					-0.342	-1.48
SOE_G	0.056**	2.00	0.013	0.33	0.063**	2.22
SOE_G * BOOKBUILD					-0.084**	-2.11
SOE_S	0.029	1.03	0.041	0.71	0.027	1.01
BANKDEBT	-0.289***	-5.33	0.213	1.26	-0.303***	-5.37
BANKDEBT * BOOKBUILD					0.541***	3.09
BOOKBUILD					0.012	0.15
COASTALREGION	0.016	0.98	-0.005	-0.16	0.009	0.51
Constant	-1.088***	-5.62	0.202	0.62	-0.713***	-4.13
Adjusted R^2	0.235		0.064		0.112	
N	422		280		702	

注：此表列示了可操控性流动应计项目（DCA）的回归结果，DCA 用以代表 IPO 过程中收益管理的程度。样本由 1999—2009 年在上海证券交易所和深圳证券交易所上市的 880 家企业组成。在每个回归中，本章删除因变量取值高于（低于）它自身 99%（1%）的观测量来处理异常值。当必要变量不可用时，本章也从分析中删除该观测值。模型 1 是固定价格发行方法的回归结果（1999—2004 年）；模型 2 是询价机制期间的回归结果（2005—2009 年）；模型 3 是整个样本期间的回归结果，变量的定义见表 6 – 1。

***：表示通过了 1% 的显著性水平检验。

**：表示通过了 5% 的显著性水平检验。

*：表示通过了 10% 的显著性水平检验。

表 6 – 9　　回归结果：固定价格发行制度下不同的市盈率子区间的回归结果及询价机制的回归结果

因变量	DCA							
	模型 1		模型 2		模型 3		模型 4	
	固定市盈率为 50 倍		固定市盈率为 20 倍		询价机制		整个研究时间	
	系数	T 检验	系数	T 检验	系数	T 检验	系数	T 检验
AUDITOR	-0.216**	-2.45	-0.029	-0.63	0.041	0.99	-0.048*	-1.82
UNDERWRITER	0.03	1.24	-0.004	-0.16	-0.047	-1.33	-0.007	-0.40
Ch_MANAGEROWN	-2.186**	-2.18	-0.310*	-1.95	0.041	0.21	-1.589*	-1.86
Ch_MANAGEROWN * P/E_20							1.162	1.36
Ch_MANAGEROWN * BOOKBUILD							1.567*	1.82
INDIR	0.159	1.64	-0.007	-0.07	-0.274	-1.38	-0.010	-0.13
A_COMMITTEE	-0.034	-0.60	-0.001	-0.07	0.003	0.12	-0.009	-0.59
AGE	0.009*	1.67	-0.000	-0.07	-0.004	-1.23	-0.000	-0.07
LNASSET	0.084***	6.05	0.027**	2.58	-0.011	-0.68	0.034***	4.20
LEVERAGE	0.269***	2.70	0.067	0.98	0.293***	3.10	0.236**	2.44
LEVERAGE * P/E_20							-0.173	-1.43
LEVERAGE * BOOKBUILD							-0.057	-0.42
SOE_G	0.090**	1.97	0.023	0.94	0.014	0.38	0.083**	2.07
SOE_G * P/E_20							-0.043	-1.06
SOE_G * BOOKBUILD							-0.109**	-2.27
SOE_S	0.035	0.90	-0.010	-0.40	0.058	1.12	0.024	1.06

续表

因变量	DCA							
	模型 1		模型 2		模型 3		模型 4	
	固定市盈率为 50 倍		固定市盈率为 20 倍		询价机制		整个研究时间	
	系数	T 检验	系数	T 检验	系数	T 检验	系数	T 检验
BANKDEBT	-0.413 ***	-6.72	-0.115 **	-2.28	0.077	0.69	-0.413 ***	-6.47
BANKDEBT * P/E_20							0.288 ***	3.69
BANKDEBT * BOOKBUILD							0.439 ***	3.43
P/E_20							0.162 **	2.32
BOOKBUILD							0.071	0.92
COASTALREGION	-0.002	-0.09	0.011	0.61	-0.002	-0.07	0.006	0.40
Constant	-1.947 ***	-6.51	-0.518 **	-2.36	0.201	0.66	-0.835 ***	-4.66
Adjusted R^2	0.281		0.088		0.066		0.139	
N	288		230		333		851	

注：此表列示了可操控性流动应计项目（DCA）的回归结果，DCA 用以代表 IPO 过程中收益管理的程度。样本由 1999—2009 年在上海证券交易所和深圳证券交易所上市的 880 家企业组成。在每个回归中，本章删除因变量取值高于（低于）它自身99%（1%）的观测量来处理异常值。当必要变量不可用时，本章也从分析中删除该观测值。模型 1 是固定价格发行期间，市盈率为 50 时（1999—2001 年）的回归结果；模型 2 是固定价格发行期间，市盈率为 20 时（2002—2004 年）的回归结果；模型 3 是询价机制期间（2005—2009）的回归结果；模型 4 是整个研究时间内的回归结果，变量的定义见表 6-1。

***：表示通过了 1% 的显著性水平检验。

**：表示通过了 5% 的显著性水平检验。

*：表示通过了 10% 的显著性水平检验。

与之前的研究结论一致，表6－7的面板A显示BANKL和BANKDEBT均具有负的显著的系数。然而，以上两个变量在询价机制的回归模型中变得不再显著（表6－7的面板B），这说明了一旦发行价格失去了与会计收益的直接关联，银行贷款的优先获取权便不再影响盈余管理。面板C的结果表明，在固定价格发行体制废除之后，银行贷款对可操作性流动应计项目的影响显著下降。以上结论强有力地支持了本章之前提出的假设：银行贷款的可获得性确实对中国IPO企业为获得更高发行价格而进行的盈余管理有显著影响。

面板A和面板B显示，在固定价格发行期间，SOE_L的正系数在10%的置信区间下是显著的，但是该变量在询价机制下变得不再显著。与此类似的是在固定价格发行期间，SOE_C有正的较为显著的系数，但是该显著关系在询价机制下也变得不再显著。另外，面板C中的模型1和模型2的结果表明，在固定价格发行制度与询价制两种不同的IPO发行体制下，SOE_C的系数存在显著差异。该回归结果说明，在固定价格发行机制下，由中央和地方政府管理的国有企业都会为了获得更多的权益资本进行盈余管理。在面板C的模型3和模型4中本章引入了政府管控指标的新的虚拟变量（SOE_G），当中央政府或地方政府是国有企业的最后控制人，该变量取值为1，其余为0。在引入了新变量之后，SOE_G的系数为正且显著不为0，它与BOOKBUILD的交互项具有显著为负的系数。虽然先前研究的结论表明地方政府比中央政府有着更高的操纵收益的动机，但本章的研究结果却与此不同：本章的回归结果表明中央和地政府在盈余管理的动机方面并没有存在显著差异。

对于其他变量来说，Ch_MANAGEROWN的系数在全样本的回归分析中均不显著，但是在固定价格发行期间具有显著为负的系数（面板A）。然而，该相关关系在固定价格发行方式废除后也不复存在（面板B）。面板C也说明了Ch_MANAGEROWN对DCA的影响在询价机制下比在固定价格发行机制下对DCA的影响显著减弱。该结论强有力地证实了Darrough和Rangan（2005）的研究结论，当企业的管理层在IPO过程中所出售的股份数额更大，他们更有动机通过盈余管理以获得更高的发行价格。面板A的所有模型中，AUDITOR均有负的系数，两个估计中的其中一个系数显著。另外，面板B中AUDITOR系数为正，但不显著。虽然面板C中AUDITOR的系数与两个子样本区间没有显著差异，但回归结果仍在一定程度上说明了声誉好的审计公司的加入会缓解IPO企业盈余管理的程度。与先前研究不同的是本章发现经营历史较长的大型公司，在固定价格发行机制下存在很多不正常应计项目。这可能是因为公司的规模在一定程度上代表了政治影响程度，大型公司往往会得到政府的更多关注（Watts和Zimmerman，1990）。在本章的研究中发现信息不对称理论并不能很好地解释中国IPO过程中的盈余管理现象，同时也没有发现承销商的声誉影响盈余管理的证据。

6.5 稳健性分析

到目前为止，本章的研究已发现IPO企业的财务杠杆率与盈余管理之间存在着显著的关系，但是这种关系可能是由于盈余管理的不同目的或是其他内生性问题所导致的，所以在接下来的稳健性分析中本章将进一步将企业的债务区分为短期债务和长期债务来深入研究财务杠杆率对盈余管理的影响。长期杠杆是与企业的债务成本和远期融资能力密切相关的，而短期杠杆代表了短期流动性的不足和财务危机的风险。因此，本章使用短期债务除以总资产（SLEVER）和长期债务除以总资产（LLEVER）作为控制变量来进行回归分析。表6－8中的回归结果说明，无论是在固定价格发行机制还是询价机制下（模型1和模型2），SLEVER和DCA之间都存在着显著的关系，而且在两个子样本区间的比较分析中，SLEVER的系数在两个子样本区间下并不存在显著差异（模型3）。相反的，本章发现LLEVER并没有显著的系数。这可能是因为短期杠杆较高的企业操纵会计收益是为了掩盖它们所面临的短期财务危机，并不是为了获得更高的发行价格。当然这种情况也有可能是由于其他未知因素共同影响了短期债务和盈余管理所导致的。

正如前文提到的，政府在固定价格发行期间对决定IPO发行价格的固定市盈率进行了调整，在2002年将市盈率从50倍减到了20倍。市盈率的降低使中国企业存在更强烈的通过操纵收益获得更高发行价格的动机。为了检验这个变化所带来的影响，本章对三个子区间分别进行了回归分析。表6－9中的模型1—模型3分别表示了固定价格发行期间市盈率为50倍的子样本区间（2002—2004年）；市盈率为20倍的子样本区间（2002—2004年）以及询价机制期间（2005—2009年）。模型4是全样本回归结果，在该模型中本章引入了控制市盈率下降的虚拟变量（P/E_20），当市盈率为20倍时即2002—2004年上市的企业该变量取值为1，同时也引入了该虚拟变量与Ch_MANAGEROWN、LEVERAGE、SOE_G和BANKDEBT的交互项来控制以上变量之间的作用关系。

与之前的研究结论一致，在固定价格发行制度的两个子区间内（模型1和模型2），Ch_MANAGEROWN和BANKDEBT都有负的显著的系数，但在询价机制（模型3）中以上变量的系数并不显著。模型4说明，Ch_MANAGEROWN的系数在固定价格发行体制下的两个子区间内没有显著差异，但是在询价机制下该系数显著下降了。有趣的是，BANKDEBT对DCA的影响在2002年市盈率降低后明显减弱。这可能是因为即使是可以优先获得银行贷款的IPO企业，在市盈率降低的影响下为了获得较高的发行价格而激进地操纵了会计收益。实际上模型 4 的 P/E_20系数显著为正，该结果说明了固定市盈率的下降更激发了 IPO 企业为获得较高的发行价格而进行盈余管理的动机。模型 4 也说明了盈余管理的程度在市盈率为 50 倍的固定价格发行期间和询价机制期间并不存在显著差异。因此可以得出结论：市盈率的下降激发了中国的 IPO 企业进行盈余管理的动机。在该分析中本章发现在引入了询价机制后，BANKDEBT 的系数也显著下降。另外，表 6 – 9 中的 SOE_G 的系数只在第一个子样本区间下显著。然而，在模型 4 中，SOE_G 的系数在两个固定价格发行期间的子区间下并没有明显差异。以上结果与本章之前得到的结论相一致：在废除了固定价格发行机制后，SOE_G 对企业盈余管理程度的影响明显减弱了。在模型 2 中本章发现 LEVERAGE 的系数在市盈率下降子区间下不显著，然而，对 LEVERAGE 的系数进行比较，并未发现该系数在几个子区间中存在明显差别。总体来说，稳健性分析的研究结果与本章的基本假设是一致的。

正如之前所提到的，Aharony 等（2000）和 Kao 等（2009）选取了 ROA 作为衡量盈余管理的变量。本章也使用了这种方式对盈余管理进行了测算：净利润减去主营业务收入，除以滞后一年的总资产，由此得到非核心 ROA，由此衡量 IPO 企业的盈余管理程度。在本章的样本中，非核心 ROA 的均值（中位数）从 IPO 之前年度的 – 15. 10% （ – 12. 21% ） 增加到 IPO 之后的 – 1. 02% （ – 7. 70% ）。然而，非核心 ROA 在 IPO 之后的 3 年中并没有出现明显地减少。这个结果与“企业通过调整未来收益来增加本期收益的”观点并不一致①。本章认为基于 ROA 的盈余管理的研究方法对于本章的样本并不适用。

6.6 结论

先前研究结论表明，企业会在上市的过程中进行盈余管理（Aharony 等，1993；Friedlan，1994；Teoh 等，1998a；Teoh 等，1998b；DuCharme 等，2001；Jog 和 McConomy，2003；Roosenboom 等，2003；Darrough 和 Rangan，2005；Morsfield 和 Tan，2006；Fan，2007）。这些研究发现，IPO 企业盈余管理与管理层出售的股份、审计人和承销商的质量、审计委员会的存在与否、财务杠杆、风险资本的参与、企业成长机会、企业规模以及企业年龄都存在相关关系。中国近年来 IPO 发行体制的变革，为本章的研究创造了天然的便利条件，因此以近年来我国的数据为样本，研究 IPO 企业是否会为了更高发行价格而进行盈余管理。我国的 IPO 市场在过去的几十年中发生了很大的变化，在 2004 年询价机制引入之前，我国的 IPO 过程采

① Aharony et al.（2000）发现在 IPO 后的三年内，盈余管理会出现明显下降。

取的是固定价格发行机制，即发行价格是由固定市盈率乘以每股收益来决定的。基于此，中国近年来的数据对本章研究中国 IPO 企业是否会为获得更高发行价格进行盈余管理具有重要意义。

本章选取了 1999—2009 年在上海证券交易所和深圳证券交易所上市的 880 家企业以研究影响它们可操控性流动应计项目的决定因素。本章发现，在实施了询价机制后，中国 IPO 企业操纵盈余的现象有所减少。与 Darrough 和 Rangan's（2005）的研究一致，本章发现在控制了诸多影响因素之后，固定价格发行体制下管理层持股比例与 DCA 存在负相关关系，但是在固定价格发行体制废除后，这种负相关关系不复存在。这说明在 IPO 过程中，出售了股份的企业高管们存在着强烈的以操纵收益获得更高发行价格的动机。本章也发现了在固定价格发行期间，银行贷款的可获得性与 DCA 呈负相关关系，但是这种关系在引入了询价机制后便消失了。本章对此的理解是 IPO 企业在银行中贷款的优先获取权可以缓解其所面临的资金约束，从而降低在 IPO 过程中为获得高发行价格而操纵收益的动机。由中央和地方政府管控的国有企业，在固定价格发行期间进行了盈余操纵，而在询价机制期间盈余管理的动机显著减弱。这证实了政府有动机想要通过国有企业的盈余管理提高企业资本市场融资额度，以达到促进当地经济发展的目的。

与 Aharony 等（1993）对美国的研究结果一样，本章发现具有更高财务杠杆率（尤其是短期杠杆率）的企业在 IPO 的前一年会倾向于操纵收益，以体现出更高的会计盈余，然而这种关系在固定价格发行体制废除之后仍然存在。本章认为具有更高杠杆率的企业是为了其他非发行价格因素操控盈余（例如为了隐藏它们的财务风险），或者是在短期杠杆和盈余管理中存在着其他的隐含因素共同影响了两者的关系所导致的。

7 政治关联性与 IPO 长期股价表现

本章分析了 2000—2007 年首次公开发行（IPO）的公司的长期股票表现，结果显示有政治关联的公司其股票有较好的长期表现。结果表明发行配额制度和通道限制制度的废除对 IPO 公司长期业绩产生负面影响，该证据与地方政府官员更可能选择有政治联系的公司上市的观点相一致。

7.1 引言

美国的先前研究结论表明，首次公开发行的公司（IPOs）与它们的匹配样本相比较，其股票价格的长期表现显著弱势（Loughran 和 Ritter，1995；Ritter，1991；Ang 等，2007）。IPO 股价长期表现弱势这一现象也出现在了许多非美国国家，如埃及、日本、韩国、西班牙、瑞士、瑞典、英国等（Aggarwal 等，1993；Álvarez 和 González，2001；Aussenegg，2000；Cai 和 Wei，1997；Keloharju，1993；Kim 等，1995；Levis，1993；Omran，2005；Page 和 Reyneke，1997；Drobetz 等，2005）。尽管许多学者一直致力于解释 IPO 股价长期弱势的问题，但该现象的存在在金融领域仍然是一个谜（Brav 和 Gompers，1997；Teoh 等，1998；Kahle，2000；Schultz，2003；Guo 等，2006）。

众多先前研究以具有独特特征的中国上市公司为研究对象（Chan 等，2004；Huang 和 Song，2005；Mok 和 Hui，1998；Yu 和 Tse，2006；Wang，2005），但其中很少有涉及中国 IPO 长期股价表现弱势的问题。作为例外，Chan 等（2004）研究发现中国A股IPO存在着长期股价表现弱势的现象，其样本的弱势相对指数（Wealth Relative）在0.9~0.98（该指数小于1意味着IPO公司的股价表现弱于匹配样本）①。基于以上结果，Chan等（2004）得出结论：中国IPO公司所经历的长期股价弱势表现较其他国家的IPO弱势表现更少。以此为出发点，对我国IPO公司进行进一步的分析将有助于本章发现并确定在IPO后期股票价格长期表现弱势的决定性因素。

另一方面，关于中国IPO的先前研究结论表明，政治关联对IPO这一过程有显著的影响（Fan等，2007；Francis等，2009）。Fan等（2007）指出，与政治相关联的中国IPO公司并不履行使股东价值最大化的义务，因此企业在上市后有长期股价表现不尽如人意。尽管政府的干预会降低公司的运营效率，但是政治关联会给公司提供诸多优先利益，从而缓解了投资者对公司破产风险的担忧（Faccio等，2006；Francis等，2009）。Francis等（2009）研究表明，与政府联系紧密的中国IPO公司通过相对高的发行价、低抑价以及固定成本的降低的方式获得显著利益。

基于以上学者的研究结论，本章将采用中国IPO数据来探讨政治关联是否会影响上市公司长期的股票表现。在过去的几十年间，中国IPO市场经历了重大的制度变迁。2005年以前，在IPO配额制与通道制的发行制度下，地方政府官员在选择公司进行上市这一过程中施加了明显的政府管控手段。而随着2005年IPO询价制度的引入，政府对于上市过程的管控程度逐步减弱。因此，本章相信中国的IPO数据将为研究政治关联对IPO公司股价表现的影响提供一个重要的机会。

本章以2000年至2007年上市的627家公司为样本，研究发现了经市场调整后的IPO持有回报率与政治关联之间存在显著的正关系。以时间为基准的投资组合回归分析也证明了，包含政治关联的公司的投资组合所经历的长期弱势表现小于无政治关联公司的投资组合。另外，由于在2000—2004年有大量的具有政治关联的国有企业上市，因此，本章的分析结果表明在配额制和通道制下上市的IPO公司，其股票的长期股价表现优于询价制度下上市的IPO公司。总而言之，以上研究结果均证实了政治关联能为我国的IPO企业创造价值。

7.2 研究背景

在过去的30年中，中国进行了一系列的经济改革，从而帮助我国完成了从中央计划经济到市场经济的过渡。在经济改革过程中的一个重要方面是要实现国有企业的所有制改革，为此我国在1990年建立上海股票交易所以及深圳股票交易所

① 还发现B股IPO财富值为1.105~1.453，优于所有基准。

以帮助与中央及地方政府有着密切联系的国企进行改革。

先前研究表明，政治关联对企业有显著影响（如 Faccio，2006；Faccio 等，2006；Charumilind 等，2006；Fan 等，2007；Francis 等，2009；Chen 等，2011），因为政治关联能给企业带来诸多优惠，例如能帮助企业以优惠条款优先获得银行贷款（Sapienza，2004；Charumilind 等，2006）；使企业在某些受保护行业中形成垄断地位（Aharony 等，2000）；提高企业在政府采购竞争中获胜的概率（Wang，2005；Francis 等，2009）；减少企业陷入财务困境的可能性（Faccio，2006；Faccio 等，2006）。这些由政治关联所带来的优惠待遇会让投资者相信具有政治关联的公司破产风险更低（Faccio 等，2006；Faccio，2006；Francis 等，2009）。尽管有些先前研究显示政治关联会损害公司价值，但上述所提到的这些特殊的优惠待遇还是会给上市公司带来收益。所以，基于以上分析得出本章的第一个假设：

假设 7.1：有政治关联的 IPO 公司的股票长期股价表现优于无政治关联的 IPO 公司。

如前文所述，我国 IPO 市场经历了重大的发行制度变迁，而 IPO 市场制度环境的变化很有可能会对政治关联与 IPO 公司长期股价表现产生实质性的影响。1993 年中国政府出台了 IPO 发行配额制度来选择公司上市。在这一制度下，中国证监会运用额度指标管理的审批制度，由省级政府或行业主管部门在指标限度内推荐企业，再由中国证监会审批企业发行股票。如果由某省级政府推荐的公司在上市后期表现良好，那么作为对该地区政府选择优质企业上市的奖励，证监会将在下一轮指标分配过程中给予该地区政府更多的上市发行额度（Du 和 Xu，2006）。这种方式为地方政府官员选择那些优质的有政治关联的公司（如国有企业）注入了强烈动机，正因为这种政治关联的存在，使得地方政府官员可以更容易获得国有企业经营状况的内部信息（Du 和 Xu，2006，2009）。

对于国有企业而言，其管理者通常是前政府高级官员，管理者的政府背景能帮助企业从中央或地方政府获得更多的优先权（Aharony 等，2000）。此外，许多国有企业处于受保护行业并容易在市场中形成垄断①。因此，这样的经营环境使得国有企业在上市之后较非国有企业来说有更好的股价表现，从而最终帮助地方政府在未来获得更多的发行配额的奖励（Du 和 Xu，2006，2009）。但是 IPO 配额制度在 2003 年被正式废除②。

值得注意的一点是，中央政府在 2001—2004 年采用的发行机制是通道制，证监会确定各家证券公司所拥有的发股通道数量，由证券公司推荐发股公司。在这

① 石化、能源、原材料是典型的受保护的行业（Aharony 等，2000）。

② Du 和 Xu（2006）认为发行配额制度实际上持续到 2003 年左右。

一系统下，如果由某家证券公司所推荐上市的公司在上市之后表现良好，那么该证券公司将在下一年度获得来自证监会的奖励，即获得更多的股票发行通道数量①。更重要的是，我国大多数的证券公司也都是国有企业，它们更倾向于推荐有政治关联的企业进行上市，这一做法与地方政府官员在配额制下的做法一致，都是选择有政治关联的企业（特别是国有企业）进行上市。然而，中国政府在2005年开始实行询价制。在这一制度下，取消了配额和通道的限制与奖励，因此地方政府和证券公司选择优质企业上市的激励机制也就不存在了。

如前所述，Chan等（2004）研究表明在1993—1998年上市的中国IPO公司所经历的长期股价弱势表现较少。更为重要的是，Chan等（2004）的研究样本全部是配额制度下的上市的IPO企业。在我国IPO市场独特的配额制下有更多的具有政治关联的企业（国有企业）成功上市，这一现象对我国IPO的长期股价表现有潜在积极的影响。由此引出以下假设：

假设7.2：配额制和通道制下的中国IPO公司比询价制下的IPO企业具有更好的长期股价表现。

而假设7.2的背后还有一种隐含的思想，即无政治关联的公司在询价制度下才更有机会进入到新股发行市场。更具体地说，由于无政治关联的公司是在一个充满竞争且无保护的环境里运营，因此这些公司可能会有较差的经营表现。但是从另一个角度来看，询价制度一直被认为是一种透明而灵活的确定IPO发行价格的方法，因为该制度降低了发行人和投资者之间的信息不对称问题。

Benveniste和Spindt（1989），Spatt和Srivastava（1991），Cornelli和Goldreich（2003）认为询价制度使承销商从投资者那里获取信息，这些信息将有助于提高IPO发行定价的准确性。精准定价将降低上市后一段时间内的信息成本，从而产生更高的市场价值（Kutsuna和Smith，2004）。因此，在随后的分析中应谨记，询价制度对长期股价表现的可观测到的影响将包括以上这些影响因素。

7.3 实证方法

为了将本章的研究结论与美国或其他国家的研究证据进行比较分析（Cai和Wei，1997；Gompers和Lerner，2003；Levis，1993；Loughran和Ritter，1995；Ritter，1991），本章采用购买持有回报率（BHR）作为长期股价表现的测量指标。Lough-

---

① 中国证监会于2002年9月发布了一份关于主承销商质量评估的官方文件。文件中提到在未来的发行过程中高质量（低质量）的证券公司将被奖励（惩罚）与更多（更少）的股票发行渠道。上市后企业的业绩是评价承销商质量的重要标准之一（http：//www. law－lib. com/law/law view. asp？id＝41684）。

ran 和 Ritter（2000）研究声称购买持有回报率捕获了 80% ~90% 真正的异常收益率。购买持有回报率准确测量了投资者的投资经验，因此这一指标能被作为衡量个人投资者占投资者总数 90% 以上的中国股市的适当指标（Barber 和 Lyon，1997；Brav，2000）。本章采用以下计算公式来计算 IPO 企业上市后 12、24、36 个月的购买持有回报率（此后分别简记为 BHR_{12}，BHR_{24}，BHR_{36}）。变量的定义见表 7－1。

表 7－1　　变量的定义

变量	定义
BHR	购买持有期收益率
Wealth Relative	（IPO 公司 BHR 的平均值 +1）/（匹配公司 BHR 的平均值 +1）
AD－BHR	经调整后的购买持有期收益，即 IPO 公司的 BHR 减去匹配公司的 BHR
D_SOE	虚拟变量：若该企业是国有企业则取值为 1，其余为 0
D_CEO	虚拟变量：IPO 当年 CEO 为现任或历任中央或地方政府官员或军人的 IPO 公司取值为 1，其余为 0
REGULATION	虚拟变量：在 2000—2004 年发行股票的 IPO 公司取值为 1，2005—2007 年上市的 IPO 公司取值为 0
QUOTA	虚拟变量：2000 年上市的 IPO 公司取值为 1，其余为 0
CHANNEL	虚拟变量：2001—2004 年上市的 IPO 公司取值为 1，其余为 0
D_CHAIR	虚拟变量：IPO 当年董事长为现任或历任中央或地方政府官员或军人的 IPO 公司取值为 1，其余为 0
P_BOARD	董事会成员当中有现任或历任中央或地方政府官员或军人的比例
POLITICAL_S	政治关联分值，范围是 0 ~4，为 D_SOE，D_CEO，D_Chair，D_BOARD（P_BOARD 大于中位数的 IPO 公司取值 1，其余为 0）四个变量之和
SIZE	IPO 发行当月流通股的市值
B/M Ratio	股权的账面价值乘以流通股占总股的比例，除以 IPO 发行当月流通股的市值
BANKL	IPO 年度银行贷款占总负债的比例
Ch_MANAGEROWN	IPO 年度的经理及董事持股比例减去前一年经理及董事的持股比例
DCA	IPO 前一年的可操控性的流动应计项目
ROA	IPO 前一年的营业收入除以总资产
TOPONE	IPO 年度第一大股东的持股比例
LEVERAGE	IPO 年度总负债除以总资产
AGE	IPO 年度时公司的经营年限
LNASSET	IPO 年度总资产的自然对数
LNOFFERSIZE	发行规模（发行股数乘以发行价格）的自然对数

$$BHR_{it}=\prod_{t=1}^{T}(1+R_{it})-1, T\in(12,24,36)$$

R_{it}是 i 公司股票第 t 月的月收益率，将 IPO 企业上市后的第一个月定义为 1。其中 R_{it}的计算公式为：

$$R_{it}=\frac{P_{it}-P_{it-1}+D_{t}}{P_{it-1}}$$

其中，P_{it}是 i 公司股票在第 t 月末的收盘价格，D_{it}是 i 公司在第 t 月中所发放的股利。

依据 Fama 和 French（1992，1993）的三因素模型，本章从公司规模，账面市值比（B/M），以及公司规模与 B/M 同时匹配（Chan 等，2004；Ritter，1991）这三个方面选择与上市公司最相近的已上市公司作为对照组（选择的对照组均为先于 IPO 公司3 年上市的上市公司）。Barber 和 Lyon（1997）研究结论认为根据公司规模和 B/M 比的方式选择匹配公司的方法能优质且准确地对各种情况的样本进行统计分析。在公司规模匹配过程中，如果已上市公司 A 的股票市值在 IPO 公司 i 的初始交易月时与 IPO 公司 i 股票市值最为接近，那么上市公司 A 就被选为匹配公司，即对照组。相似地，在 B/M 匹配过程中，和 IPO 公司初始交易月的 B/M 比值（股本账面价值乘以流通股占总股比除以流通股市场价值）最接近的已上市公司将被作为 IPO 公司的匹配公司。在公司规模和 B/M 同时匹配的过程中，本章根据公司的市场价值将所有公司分为五组，在同一规模分组中选择与 IPO 公司 B/M 比值最为接近的上市公司作为对照组。按照 Aggarwal 等（1993），Cai 和 Wei（1997），Chan 等（2004），Levis（1993），Kim 等（1995），Ritter（1991）的研究方法，本章采用了 WR（Wealth Relative）来衡量中国 IPO 公司是否经历长期股价弱势表现，以下为 WR 的计算公式：

$$WR=\frac{1+\text{IPO 公司的 BHR 均值}}{1+\text{匹配公司的 BHR 均值}}$$

同时，本章也采用了调整后购买持有回报率（AD－BHR，即 IPO 公司的 BHR 与匹配公司 BHR 之差）作为衡量股价长期表现的另一种方法。

7.4 样本选取过程及数据

7.4.1 样本选取过程

本章以 2000—2007 年在沪深交易所发行 A 股的我国 IPO 公司为样本。首先，本章从 OSIRIS 数据库中获得 IPO 公司的财务及股利数据，然后，从 CCER（中国经济研究中心数据库）收集得到公司所有权结构及股价数据，通过合并月度股价数据与股利数据来计算购买持有回报率。同时，本章从IPO公司的招股说明书中手动收集了发行前三年的数据（公司所有权结构及财务数据）以及IPO公司的政治关联信息。由于OSIRIS股利数据始于2000年，因此本章的样本区间始于2000年。同时，因为本章需要上市后3年到5年的股价及股利的数据，因此样本周期结束于2007年。

本章的样本区间涵盖了IPO发行制度的三大阶段：配额制、通道制及询价制度。这一制度环境的变化有利于本章研究外生制度改变对长期股价表现产生的影响。因为询价制的引入降低了具有政治关联公司上市的频率，而这一变化会影响到IPO公司的长期股价表现（假设7.2）。由于在本章的样本期间只有六家企业发行了B股，该数量明显小于A股上市公司的发行规模，所以本章不包括发行B股的IPO公司。另外，由于会计报表格式的不同，本章的样本剔除了来自金融行业IPO公司的数据和在样本期间退市了的公司。此外，如果公司在此次A股IPO之前发行过B股或H股，这样的A股IPO公司也排除在本章的样本之外。经过以上程序，本章的样本最终包含627家IPO公司，374家来自上海证券交易所，253家来自深圳证券交易所。

表7-2的面板A显示了样本的时间分布。446家选择在配额制和通道制下上市。在这8年中，IPO市场在2000年、2004年、2007年表现得更为活跃。2005年和2006年只有少数公司选择上市，这可能是因为在这段时间里我国IPO暂停了两次：分别是从2004年9月9日到2005年2月3日；从2005年5月25日到2006年6月2日。面板B展示了样本公司的行业分布，处于制造业行业的IPO公司占了总样本的很大部分。

表7-2　　样本分布

面板A：时间分布

上市年份	上市公司数量			
	上海交易所	深圳交易所	合计	占比
2000	86	49	135	21.53
2001	77	1	78	12.44
2002	67	1	68	10.85
2003	65	0	65	10.37
2004	61	39	100	15.95
2005	1	12	13	2.07
2006	8	52	60	9.57
2007	9	99	108	17.22
合计	374	253	627	100

续表

面板A：时间分布				
上市年份	上市公司数量			
	上海交易所	深圳交易所	合计	占比
配额制下上市公司数量	86	49	135	21.53
通道制下上市公司数量	270	41	311	49.6
询价制下上市公司数量	18	163	181	28.87
面板B：行业分布				
行业	上市公司数量			
	上海交易所	深圳交易所	合计	占比
农业，渔业，畜牧业	16	6	22	3.51
矿业	14	4	18	2.87
制造业	222	191	413	65.87
电气水	19	5	24	3.83
建筑	14	5	19	3.03
交通，储仓	29	4	33	5.26
信息技术	24	17	41	6.54
批发，零售	14	6	20	3.19
不动产	11	2	13	2.07
社会服务	7	11	18	2.87
媒体	2	1	3	0.48
综合性	2	1	3	0.48
合计	374	253	627	100

7.4.2 样本公司的长期股价表现

表7-3面板A显示了本章样本整体的长期股价表现。数据表明样本公司在上市之后的几年中经历了显著的负的购买持有回报率。与采用1993年1月到1998年12月作为样本周期的Chan等（2004）相比，本章的样本周期跨度更长而且避免了市场热点效应对IPO公司长期股价表现的影响（Derrien，2005；Derrien和Womack，2003；Helwege和Liang，2004）。与之前的研究结论相一致，表7-3显示所有的Wealth Relative（弱势相对指数）都小于1（0.63~0.72），调整后购买持有回报率显著为负，以上两者都表明了中国IPO公司上市后经历长期股价弱势表现。

表 7-3　IPO 公司长期股价表现的结果

投资周期（月）	BHR	T检验［1］	规模匹配			B/M 匹配			规模匹配与 B/M 匹配		
			财富比例	AD-BHR 均值	T检验［2］	财富比例	AD-BHR 均值	T检验［3］	财富比例	AD-BHR 均值	T检验［4］
面板 A：整体样本（N=627）											
12	-0.154	-7.31***	0.838	-0.164	-5.26***	0.806	-0.204	-7.78***	0.806	-0.203	-7.96***
24	-0.36	-26.74***	0.784	-0.176	-7.67***	0.703	-0.27	-9.42***	0.707	-0.265	-8.96***
36	-0.192	-6.60***	0.715	-0.322	-7.43***	0.628	-0.478	-8.64***	0.644	-0.477	-8.53***
面板 B：国有企业（N=391）											
12	-0.115	-4.33***	0.923	-0.074	-2.78***	0.851	-0.155	-4.36***	0.866	-0.137	-4.89***
24	-0.325	-19.05***	0.892	-0.082	-3.47***	0.774	-0.197	-5.94***	0.79	-0.18	-5.35***
36	-0.201	-5.36***	0.837	-0.156	-3.03***	0.689	-0.361	-5.22***	0.705	-0.334	-5.03***
面板 C：非国有企业（N=236）											
12	-0.218	-6.38***	0.715	-0.312	-4.52***	0.733	-0.284	-7.81***	0.714	-0.313	-6.43***
24	-0.418	-19.48***	0.636	-0.333	-7.38***	0.598	-0.391	-7.53***	0.588	-0.407	-7.48***
36	-0.177	-3.84***	0.58	-0.957	-8.07***	0.55	-0.672	-7.38***	0.565	-0.634	-7.53***
面板 D：差别测试（国有企业 VS 非国有企业）											
12	0.103	2.37**	0.208	0.238	3.73***	0.018	0.129	2.39**	0.152	0.175	3.53***
24	0.093	3.38***	0.256	0.251	5.42***	0.176	0.194	3.30***	0.202	0.227	3.76***
36	-0.024	-0.4	0.257	0.441	5.04***	0.139	0.312	2.75***	0.14	0.299	2.78***
面板 E：有政治关联 CEO 的 IPO 公司（N=66）											
12	-0.124	-2.18**	0.987	-0.012	-0.27	0.95	-0.046	-1.09	0.822	-0.2	-2.6**
24	-0.372	-10.32**	0.977	-0.015	-0.38	0.853	-0.108	-3.24***	0.749	-0.21	-3.58**
36	-3.21	-5.61***	0.929	-0.052	-0.71	0.762	-0.212	-2.67***	0.696	-0.297	-2.60**

续表

投资周期（月）	BHR	T 检验［1］	规模匹配			B/M 匹配			规模匹配与 B/M 匹配		
			财富比例	AD－BHR 均值	T 检验［2］	财富比例	AD－BHR 均值	T 检验［3］	财富比例	AD－BHR 均值	T 检验［4］
面板 F：无政治关联 CEO 的 IPO 公司（N＝560）											
12	－0.158	－6.96***	0.822	－0.182	－5.29***	0.791	－0.223	－7.73***	0.806	－0.202	－7.51***
24	－0.359	－24.76***	0.766	－0.196	－7.79***	0.688	－0.29	－9.13***	0.702	－0.273	－8.41***
36	－0.176	－5.53***	0.7	－0.354	－7.45***	0.618	－0.51	－8.34***	0.639	－0.465	－8.14***
面板 G：差别测试（有政治关联 CEO 的 IPO 公司 VS 无政治关联 CEO 的 IPO 公司）											
12	0.034	0.49	0.165	0.17	1.68*	0.159	0.176	2.07**	0.016	0.002	0.17
24	－0.013	－0.3	0.211	0.181	2.42**	0.165	0.182	1.96*	0.047	0.063	0.65
36	－0.145	－1.51	0.229	0.302	2.15**	0.144	0.298	1.65*	0.057	0.168	0.98

注：本表介绍了样本 IPO 公司长期股价表现的结果。面板 A 说明了样本的整体长期股价表现的结果。面板 B 显示的是国有企业的长期股价表现的结果。面板 C 描述的是非国有企业的长期股价表现的结果。面板 D 表现的是国有企业及非国有企业的长期股价表现的均值差异性检验。面板 E 显示的是拥有现在或之前任职于政府或军队的 CEO（即具有政治关联的 CEO）的 IPO 公司的长期股价表现的结果。面板 F 表示的是无政治关联 CEO 的 IPO 公司的长期股价表现的结果。面板 G 显示的是有无政治关联 CEO 的 IPO 公司间长期股价表现均值差异性检验。

［1］零假设是 BHR 均值为 0（面板 A、面板 B、面板 C、面板 E、面板 F），各组 BHR 均值完全相同（面板 D、面板 G）。

［2］零假设是 AD－BHR 均值为 0（面板 A、面板 B、面板 C、面板 E、面板 F），各组 AD－BHR 均值完全相同（面板 D、面板 G）。

［3］零假设是 AD－BHR 均值为 0（面板 A、面板 B、面板 C、面板 E、面板 F），各组 AD－BHR 均值完全相同（面板 D、面板 G）。

［4］零假设是 AD－BHR 均值为 0（面板 A、面板 B、面板 C、面板 E、面板 F），各组 AD－BHR 均值完全相同（面板 D、面板 G）。

***：表示通过了 1% 的显著性水平检验。

**：表示通过了 5% 的显著性水平检验。

*：表示通过了 10% 的显著性水平检验。

7.5 实证结果

7.5.1 单变量分析

为了验证前文所提出的假设 7.1，本章先将样本分为国有企业和非国有企业，并对两组样本进行比较分析。在中国，为了保持国家对国有企业的控制，所有上市的国有企业都只是通过上市实现部分私有化，上市后国家仍拥有国有企业的多数股份（Hovey 和 Naughton，2007）。因此，政府对国有企业的股权控制表明所有国有企业均具有政治关联。除了按照企业的性质进行分类之外，本章还根据样本公司 CEO 的政治背景进行分类。如果该 IPO 公司的 CEO 现在或之前任职过政府官员（如市长，军官或更高级别职位），那么本章把该企业的 CEO 定义为有政治关联的 CEO，该企业定义为有政治关联的企业。在本章的样本中，国有企业 391 家，CEO 有政治关联的 IPO 公司66 家。

根据上述政治关联的分类，本章对各子样本中 IPO 企业长期股价表现进行了对比。表 7－3 的面板 B 说明了在 36 个月的投资周期中国有企业的 WR 为 0.69 到 0.84，高于非国有企业的 WR（如面板 C 所示，非国有企业的 WR 值为 0.56 左右）。国有企业的调整后购买持有回报率（AD－BHR）也显著高于非国有企业（面板 D）。另外，有政治背景 CEO 的 IPO 公司与无政治背景 CEO 的 IPO 公司相比，有更高的 WR 值（0.7～0.93）及显著更高的 AD－BHR（表 7－3 的面板 E—面板 G）由以上结论可以看出，单变量分析结果与假说 7.1 一致，说明政治关联显著提高了 IPO 公司的长期股价表现。

为了验证本书的假设 7.2，表 7－4 的面板 A 和面板 B 分别显示的是 2000—2004 年间（配额制与通道制）上市的公司和 2005—2007 年（询价制度）上市的公司的长期股价表现。面板 A 说明了在中国特殊监管时期上市的公司也经历了长期股价表现弱势的情况，WR 值在 12 个月的投资期中高于 0.9，在 36 个月的投资期中降到 0.67。而面板 B 却显示在询价制度下上市的 181 家公司的 WR 值约为 0.55。以上数据表明在 IPO 发行的特殊监管制度下上市的公司比询价制度下的上市公司所经历的长期股价弱势程度要更少一些。与 WR 值的结果相一致的是，在特殊发行监管制度下的 IPO 公司的 AD－BHR 显著高于询价制度中的 IPO 公司的 AD－BHR。以上结果均支持假设 7.2。

表 7－4　　不同阶段上市的 IPO 公司的长期股价表现

投资周期（月）	BHR 均值	T 检验［1］	规模匹配			B/M 匹配			规模匹配与 B/M 匹配		
			财富比例	AD－BHR 均值	T 检验［2］	财富比例	AD－BHR 均值	T 检验［3］	财富比例	AD－BHR 均值	T 检验［4］
面板 A：配额制与通道制下上市的 IPO 公司（N＝446）											
12	－0. 208	－17. 23***	0. 993	－0. 005	－0. 4	0. 902	－0. 086	－3. 54***	0. 93	－0. 059	－4. 72***
24	－0. 352	－25. 19***	0. 92	－0. 057	－3. 09***	0. 811	－0. 152	－5. 49***	0. 84	－0. 124	－6. 36***
36	－0. 212	－5. 64***	0. 801	－0. 196	－3. 73***	0. 669	－0. 39	－5. 54***	0. 72	－0. 306	－5. 05***
面板 B：询价制度下上市的 IPO 公司（N＝181）											
12	－0. 02	－0. 3	0. 639	－0. 554	－5. 69***	0. 665	－0. 493	－7. 81***	0. 637	－0. 559	－7. 26***
24	－0. 382	－12. 09***	0. 567	－0. 472	－7. 82***	0. 523	－0. 564	－8. 28***	0. 502	－0. 615	－7. 18***
36	－0. 143	－3. 6***	0. 576	－0. 631	－8. 95***	0. 552	－0. 695	－8. 73***	0. 519	－0. 795	－8. 04***
面板 C：不同期间的比较（面板 A VS 面板 B）											
12	－0. 188	－4. 11***	0. 354	0. 549	8. 42***	0. 237	0. 407	7. 33***	0. 293	0. 499	9. 46***
24	0. 03	1. 01	0. 353	0. 415	8. 66***	0. 268	0. 412	6. 73***	0. 338	0. 491	7. 86***
36	－0. 069	－1. 08	0. 225	0. 434	4. 62***	0. 117	0. 305	2. 51**	0. 201	0. 489	4. 28***
面板 D：配额制下上市的 IPO 公司（N＝135）											
12	－0. 043	－1. 99**	0. 995	－0. 005	－0. 22	0. 982	－0. 018	－0. 65	0. 939	－0. 062	－2. 93***
24	－0. 31	－16. 34***	0. 919	－0. 061	－2. 47**	0. 874	－0. 1	－3. 76***	0. 833	－0. 138	－6. 61***
36	－0. 482	－26. 48***	0. 827	－0. 108	－3. 30***	0. 713	－0. 208	－6. 18***	0. 698	－0. 224	－8. 75***

续表

投资周期（月）	BHR 均值	T 检验［1］	规模匹配			B/M 匹配			规模匹配与 B/M 匹配		
			财富比例	AD－BHR 均值	T 检验［2］	财富比例	AD－BHR 均值	T 检验［3］	财富比例	AD－BHR 均值	T 检验［4］
面板 E：通道制下上市的 IPO 公司（N＝311）											
12	－0.281	－22.21***	0.993	－0.005	－0.34	0.861	－0.116	－3.54***	0.925	－0.058	－3.74***
24	－0.37	－20.35***	0.92	－0.55	－2.29**	0.784	－0.174	－4.06***	0.843	－0.17	－4.45***
36	－0.095	－1.82*	0.794	－0.235	－3.17***	0.659	－0.469	－4.71***	0.726	－0.342	－3.96***

注：本表介绍了样本公司在不同子时期的长期股价表现。面板 A 显示的是 2000—2004 年（配额制度和通道制制度时期）IPO 公司的长期股价表现的结果，面板 B 显示的是 2005—2007 年（询价制度时期）IPO 公司的长期股价表现，面板 C 显示的是独特发行监管制度与询价制度下 IPO 公司长期股价表现均值差异性检验，面板 D 显示的是 2000 年（配额制度时期）IPO 公司的长期股价表现，面板 E 显示的是 2001—2004 年（通道制制度时期）IPO 公司的长期股价表现。变量的定义见表 7－1。

［1］零假设是 BHR 均值为 0（面板 A、面板 B、面板 D、面板 E），各组 BHR 均值完全相同（面板 C）。

［2］零假设是 AD－BHR 均值为 0（面板 A、面板 B、面板 D、面板 E），各组 AD－BHR 均值完全相同（面板 C）。

***：表示通过了 1% 的显著性水平检验。

**：表示通过了 5% 的显著性水平检验。

*：表示通过了 10% 的显著性水平检验。

为进一步探讨独特监管体制对长期股价表现的影响，本章把审批制监管周期分为2个子阶段：配额制时期（2000年）和通道制时期（2001—2004年）（见表7-4面板D和面板E）。配额制时期内的IPO公司，该子样本为期36个月的投资期的WR值的范围是0.70~0.83，而后者所对应的WR值为0.66~0.79。未报告的分析中发现两个时期的AD-BHR的均值及中位数均有显著差异，这与假设7.2保持一致，也与Chan等（2004）提出配额制度下的上市公司长期股价表现较好的结论相一致。

7.5.2 回归分析

为了研究分析政治关联性及独特的发行监管体制对我国IPO公司长期股价表现的影响，本章采用了AD-BHR作为因变量，并在控制了各种因素的情况之下对其进行回归分析。回归分析中的关键自变量包括三大指标：一是衡量国有企业这一指标的虚拟变量（当该IPO公司为国有企业时，该虚拟变量取值为1，非国有企业取值为0，记为D_SOE）。二是衡量CEO有无政治关联的指标（该变量也为虚拟变量，当IPO公司的CEO有政府或军队任职的经历，该变量取值为1，表示CEO具有政治关联性；CEO无政府或军队任职经历的，该变量取值为0，记为D_CEO）。以上两个关键指标均是衡量IPO企业政治关联性的关键指标。第三个指标是衡量IPO发行制度特殊监管时期的虚拟变量（当IPO公司的上市年份为2000—2004年，该变量取值为1，2005年之后上市的IPO公司，该变量取值为0，记为REGULATION）。

本章的回归分析中还包括了其他一些控制变量。许多公司治理领域的先前研究已经证实公司股权结构与业绩之间存在着显著的相关关系（Xu和Wang，1999；Wang，2005；Qi等，2000；Gunasekarage等，2007）。研究表明通过对管理层进行股权激励来减少代理成本是一个很好的方法。另外，公司上市通常伴随着管理层持股的大幅减少，这一持股比例的下降会潜在引发代理成本（Ritter，1984）。为了检验这个想法，本章在回归分析中引入了管理层和董事会成员在上市前后的持股比例的变化（Ch_MANAGEROWN）。

众所周知，我国国有企业的股权结构高度集中，即使在上市后这一现象仍然较为明显。然而国有企业集中的股权结构可能会潜在地减少搭便车的问题（Shleifer和Vishny，1986）。因此本章采用最大股东的持股比例来控制该变量的影响。由于受到经济体制的影响，在我国具有政治关联性的企业更容易以优惠的条款从银行获得贷款（Tian，2001；Wang，2005）①，从而提升公司价值。先前研究的结论表明优先获得外部融资可以降低企业投资不足的问题，特别是对于具有较多成长机会的企业而言，优先获得外部融资可以显著减少对公司价值的负面影响（Helwege和Liang，2005）。因此，本章采用了银行贷款与负债比（BANKL）这个变量来控制以上的影响。

Teoh等（1998），Rao（1993）和Roosenboom等（2003）在研究中提出了在上市年份有异常增高会计应计项目的IPO公司会经历上市后长期股价表现弱势的证据。Teoh等（1998）使用的是操控性流动应计项目（Discretionary Current Accruals，DCA）来衡量IPO公司在上市前财务粉饰的问题。Du和Xu（2006）认为地方政府通过比较企业上市前的总资产回报率（Return On Assets，ROA）来选择表现更好的国有企业上市。因此，本章根据Du和Xu（2006）的方法采用上市前一年度的ROA作为控制变量来分析是否上市前表现更好的国有企业在上市后也会有较好的长期股价表现。

Jegadeesh等（1993），Schultz（1993），Hensler等（1997）和Ritter（1991）也提出了公司经营年限与长期股价表现具有正相关关系的证据。本章遵循这些研究，把公司年龄作为自变量加入到回归分析中。同时，本章也依据先前研究的结论把提供发行额度引入回归中作为控制变量（Allen，1999；Chi和Padgett，2005；Fan等，2007；Firth，1997；Hensler，1997；Ritter，1991；Schultz，1993）。

Bhabra和Pettway（2003）证明了企业财务杠杆与长期股价表现存在正相关关系。在分析中，本章用总负债与总资产的比率（LEVERAGE）来表示企业的财务杠杆率。Chen（2001），Naceur和Ghanem（2001）提出公司规模与长期股价表现有正相关关系，因此本章的回归分析中用总资产的对数（LNASSET）来衡量公司规模②。

表7-5所呈现的是描述性统计结果。如前所述，地方政府官员可能会分配更多的发行配额给具有政治关联性的公司。因此，本章能看到表7-5中面板B显示的是与询价制度时期（REGULATION取值为0）相比，更多的国有企业选择在配额制度和通道制制度时期（REGULATION取值为1）上市。同时，面板B也指出

---

① 鉴于国有企业是中国经济发展最重要的驱动力，中央和地方政府有优先分配资金给国有企业的激励。由于多数银行由中央或地方政府控制，后者倾向于通过国有银行提供贷款来支持国有企业的发展。

② 先前研究表明了承销商声誉和长期业绩的正向关系（Carter et al.，1998；Paudyal et al.，1998；Bhabra和Pettway，2003）。然而我们所有的样本公司都由我国证券公司进行承销，且证券公司均为国有企业，从而没有获得明显的正面的国际水平的声誉。这就是为什么我们不把承销商声誉作为自变量加入回归分析的原因。

具有政治关联CEO的IPO公司在配额制和通道制时期比在询价制度时期上市更频繁。另外未报告数据显示国有企业所处的行业更多的是受保护的产业①。因此，以上这些发现与假设7.2的隐含思想相符合，即配额制和通道制使地方政府官员更倾向于选择有政治联系的国有企业上市，而这些企业大多数属于受保护行业。面板C指出在上市过程中我国IPO公司的管理层股权下降比例较少，变量Ch_MANAGEROWN的中位数仅为0。样本公司的股权结构高度集中，上市后最大股权持有者的持股比例平均在40%以上。另外，IPO样本公司不容易获得银行贷款，过半的样本公司无银行贷款。

表7－5　　描述性统计

面板A：虚拟变量						
	取值为1的公司数	占比（%）				
D_SOE	391	62.36				
D_CEO	66	10.53				
REGULATION	446	71.13				
面板B：子时期的虚拟变量						
	取值为1的公司数	占比（%）				
配额制时期和通道制时期（REGULATION ＝1，N＝446）						
D_SOE	325	72.87 *** （Z＝8.53）				
D_CEO	53	11.88 * （Z＝1.73）				
询价制时期（REGULATION＝0，N ＝ 181）						
D_SOE	66	36.46				
D_CEO	13	7.18				
面板C：非虚拟变量						
	均值	标准差	最小值	中值	最大值	N
MANAGEROWN（IPO前一年）%	11.99	25.29	0	0	100	627
MANAGEROWN（IPO年度）%	8.69	18.46	0	0	75	627
Ch_MANAGEROWN（上市前后）	－3.3	6.95	－31.71	0	0	627

① 按照Aharony等（2000）研究结论，本书中所定义的受保护行业包括开采原油和天然气的开采业，开采石油和天然气的附属服务，金属开采，涉及焦炭、精炼石油核燃料和普通金属的制造业，电力，天然气和水工业。391家国有企业中，有69家（17.6%）属于受保护工业，而236家非国有企业中仅有4家（1.7%）属于受保护工业。在1%置信区间水平上存在显著差异。

续表

面板C：非虚拟变量						
	均值	标准差	最小值	中值	最大值	N
TOPONE %	44.35	16.07	6.14	44.19	85	626
BANKL %	8.71	14.24	0	0	85.4	626
DCA	0.055	0.297	-3.197	0.037	4.148	627
ROA_{-1}	0.088	0.055	0	0.079	0.752	621
AGE	4.099	3.063	0	3	18	627
Total Assets（百万）	3011.71	18131.69	243.57	912.41	360000	627
Offering Size（百万）	618.99	1460.48	27.63	336.75	22440	626
LEVERAGE %	35.15	14.8	2.71	34.48	82.99	624

注：本表显示了样本的描述性统计结果。面板A显示了虚拟变量的信息。面板B分别展示了两个发行制度时期（配额制、通道制和询价制度的对比）的虚拟变量信息。面板C显示了非虚拟变量的信息。样本包括了2000—2007年627家在上海和深圳证券交易所上市的公司。变量的定义见表7-1。面板B中的Z统计量的零假设是指两个子样本期间虚拟变量取1的公司比例无差异。

***：表示通过了1%的显著性水平检验。

**：表示通过了5%的显著性水平检验。

*：表示通过了10%的显著性水平检验。

在每一个回归模型中，删除了自变量高于99%分位和低于1%分位的观测值，以消除异常值的影响。当必要的自变量不可用时，观测值也会从分析中被删除。未报告的自变量相关性检验结果未得出自变量之间存在显著的相关性。

在表7-6的模型1—模型3中采用D_SOE和D_CEO两大虚拟变量来衡量政治关联性。结果发现D_SOE变量在诸多模型（尤其是在对$AD-BHR_{24}$与$AD-BHR_{36}$的回归模型中都有显著的正系数）。面板A的模型3（通过公司规模进行配对后的$AD-BHR_{36}$回归模型）表明我国国有企业在36个月投资期所获得的调整后购买持有回报率比非国有企业高25.4%，而本书样本中的调整后购买持有回报率的均值为-32.2%，所以该结果的经济意义十分显著。同样，面板A和B的变量D_CEO均有显著的正系数。以上回归分析的结果与假设7.1相一致，即有政治关联的IPO公司长期股价表现更好。

关于假设7.2，本章发现衡量IPO发行制度的变量REGULATION有显著的正系数。面板A的模型3（按公司规模匹配下的$AD-BHR_{36}$回归模型）表明中国IPO企业在配额制和通道制下的36个月投资期的AD-BHR高出询价制下该时期AD-BHR大约38.7%，由于AD-BHR均值为-32.2%，因此该结果的经济意义显著。

以上结果与在特殊发行监管制度时期上市的IPO企业经历了较少的长期股价弱势表现的观点相一致。为了分别估计配额制和通道制对IPO公司长期股价表现的影响，本章又设置了两个虚拟变量：（a）当样本公司的发行年份为2000年时，该变量取值为1，其他取值为0（QUOTA）；（b）当样本公司的发行年份为2001—2004年时，该变量取值为1，其他取值为0（CHANNEL）。在表7-6的模型4中，本章发现变量QUOTA和CHANNEL对AD-BHR_{36}均有显著的正的影响。未报告的分析中，本章同样对12个月与24个月的投资期间的AD-BHR进行回归分析，得到与表7-6模型4中相近的结果。以上回归结果支持了假设7.2并支持了Chan等（2004）的在IPO发行监管体制下IPO公司经历较少长期股价弱势表现的观点。

如前所述，因为政治关联性的存在，所以地方政府官员和证券公司可以获得比其他投资者更多更关键的IPO公司的消息，所以政府官员与证券公司能依据这些内部信息在IPO发行特殊监管体制下选择上市前表现更好的公司上市。这说明了发行监管体制有利于缓解在IPO推荐过程中的关于公司价值的信息不对称问题，从而保证了上市后的IPO公司有更好的长期股价表现。然而表7-2显示的询价制度时期的每月发行新股的公司数量约为7.87家，这一数据略小于配额制和通道制时期发行新股的公司数量（约为7.96家）。另外，未报告的分析结果显示与询价制度时期相比，配额制与通道制时期上市的IPO公司在上市前经营业绩较差。因此，可以认为在配额制与通道制子样本下IPO公司有较好的长期股价表现是因为在此期间有较多具有政治关联的公司选择上市的原因。另外，先前研究认为询价制度是一种透明有效的上市发行制度，这种制度能显著减少因信息不对称产生的问题（Benveniste和Spindt，1989；Spatt和Srivastava，1991；Cornelli和Goldreich，2003；Kutsuna和Smith，2004）。然而本章的研究结果表明，配额制与通道制下政治关联性对IPO企业长期股价表现的积极影响比询价制度的潜在积极影响更显著。

关于控制变量，表7-6表明变量Ch_MANAGEROWN的系数在一些模型中显著为负。此结果与上市过程中管理层股权比例下降会产生代理冲突（Ritter，1984）的观点相冲突。另外，并没有发现变量BANKL、TOPONE、DCA以及ROA对IPO长期股价表现有显著影响。总资产的对数（LNASSET）有显著为正的系数，而IPO发行规模对数（LNOFFERSIZE）的系数为负，财务杠杆（LEVERAGE）对IPO长期股价表现有负面影响。最后，公司年龄与长期股价表现无显著关系。

表 7-6 回归分析

独立变量	模型 1		模型 2		模型 3		模型 4	
	$AD-BHR_{12}$		$AD-BHR_{24}$		$AD-BHR_{36}$		$AD-BHR_{36}$	
	系数	T 检验	系数	T 检验	系数	T 检验	系数	T 检验
面板 A：规模匹配								
D_SOE	0.029	0.61	0.086**	1.95	0.254***	2.79	0.254***	2.79
D_CEO	0.097**	2.24	0.134***	3.23	0.180**	2.36	0.180**	2.37
REGULATION	0.461***	7.78	0.286***	5.35	0.387***	4.34		
QUOTA							0.391***	4.26
CHANNEL							0.386***	4.17
CH_MANAGEROWN	-0.675*	-1.95	-0.548*	-1.69	-1.225**	-2.04	-1.228**	-2.02
TOPONE	0.001	0.06	-0.001	-0.10	0.001	0.30	0.001	0.29
BANKL	0.05	0.41	0.029	0.23	-0.143	-0.61	-0.142	-0.61
DCA	-0.041	-0.82	-0.055	-1.06	0.016	0.18	0.017	0.19
ROA_{-1}	0.624	1.34	-0.046	-0.16	-1.127*	-1.91	-1.127*	-1.91
LEVERAGE	-0.378**	-2.28	-0.314	-1.48	-0.760**	-2.38	-0.762**	-2.38
AGE	-0.007	-0.87	-0.001	-0.05	-0.007	-0.47	-0.007	-0.47
LNASSET	0.136***	2.76	0.156**	2.06	0.154	1.61	0.156	1.62
LNOFFERSIZE	-0.11*	-1.69	-0.078	-0.92	-0.008	-0.07	-0.10	-0.09
Constant	-0.306	-0.79	-0.583	-1.15	-1.404**	-2.02	-1.397***	-2.04
Adjusted R^2	0.212		0.140		0.127		0.127	
N	604		604		604		604	
面板 B：B/M 匹配								
D_SOE	0.016	0.36	0.071	1.29	0.287***	2.83	0.281***	2.79
D_CEO	0.070*	1.65	0.115**	2.59	0.205**	2.20	0.199**	2.14
REGULATION	0.470***	7.77	0.403***	5.96	0.353***	2.99		
QUOTA							0.421***	3.41
CHANNEL							0.337***	2.80
CH_MANAGEROWN	-0.4	-1.14	-0.863**	-2.25	-0.666	-0.90	-0.174	-0.95
TOPONE	0.001	1.11	0.002	1.23	0.007***	2.75	0.007***	2.71
BANKL	0.016	0.11	0.290**	2.47	-0.011	-0.05	0.006	0.02
DCA	-0.007	-0.07	-0.056	-1.11	-0.128	-0.90	-0.116	-0.81
ROA_{-1}	-0.192	-0.4	0.312	0.88	0.609	0.88	0.613	0.89
LEVERAGE	-0.604***	-2.79	-0.568***	-2.83	-0.970**	-2.16	-0.996***	-2.66

续表

独立变量	模型 1		模型 2		模型 3		模型 4	
	AD－BHR$_{12}$		AD－BHR$_{24}$		AD－BHR$_{36}$		AD－BHR$_{36}$	
	系数	T 检验	系数	T 检验	系数	T 检验	系数	T 检验
面板 B：B/M 匹配								
AGE	－0.003	－0.41	－0.003	－0.30	0.020	1.50	0.021	1.54
LNASSET	0.158**	2.44	0.219***	3.72	0.246**	2.44	0.263**	2.58
LNOFFERSIZE	－0.168**	－1.98	－0.220***	－3.09	－0.301**	－2.32	－0.322**	－2.44
Constant	0.307	0.56	0.269	0.58	0.480	0.57	0.585	0.69
Adjusted R^2	0.198		0.141		0.091		0.092	
N	605		605		604		604	
面板 C：规模匹配和 B/M 匹配								
D_SOE	0.003	0.06	0.097**	1.97	0.121	1.35	0.121	1.33
D_CEO	－0.01	－0.18	－0.000	－0.01	0.055	0.45	0.055	0.44
REGULATION	0.433***	7.08	0.301	4.99	0.397***	3.41		
QUOTA							0.405***	3.25
CHANNEL							0.395***	3.36
CH_MANAGEROWN	－0.707**	－2.05	－0.710**	－1.91	－0.252	－0.37	－0.257	－0.37
TOPONE	－0.001	－0.13	－0.002	－1.23	－0.000	－0.04	－0.001	－0.05
BANKL	0.007	0.62	0.058	0.38	－0.104	－0.34	－0.102	－0.33
DCA	－0.071	－1.48	－0.049	－1.01	0.010	0.09	0.011	0.11
ROA$_{-1}$	0.291	0.75	0.375	1.19	0.22	0.34	0.220	0.34
LEVERAGE	－0.320**	－1.76	－0.573***	－2.97	－0.995**	－2.60	－0.998**	－2.60
AGE	－0.012	－1.49	－0.015*	－1.73	0.003	0.23	0.003	0.23
LNASSET	0.149***	2.82	0.229***	3.67	0.222**	2.24	0.224**	2.25
LNOFFERSIZE	－0.109*	－1.66	－0.160**	－2.17	－0.044	－0.35	－0.046	－0.37
Constant	－0.255	－0.59	－0.143	－0.31	－1.519*	－1.83	－1.506*	－1.83
Adjusted R^2	0.184		0.146		0.094		0.094	
N	604		604		604		604	

注：本表表明了对 AD－BHR 进行回归的结果，由 IPO 公司的 BHR 减去匹配公司的 BHR 计算得到。在每一个回归中，本章删除了自变量高于 99% 分位和低于 1% 分位的观测值，以消除异常值的影响。当必要的自变量不可用时，观测值也从分析中被删除。变量定义见表 7－1。

***：表示通过了 1% 的显著性水平检验。

**：表示通过了 5% 的显著性水平检验。

*：表示通过了 10% 的显著性水平检验。

7.5.3 稳健性分析

7.5.3.1 政治联系变量

为了对政治关联对 IPO 长期股价表现影响的稳健性检验，本章在本小节中重复了上述的回归分析，采用具有政治关联性的董事长（D_CHAIR）的虚拟变量（当 IPO 公司的董事长现在或之前有政府或军队任职经历，该变量取值为 1，其余取值为0）以及 IPO 公司中有政治联系的董事会成员人数占全部董事会全体成员人数的比例（P_BOARD）这两个变量来代替前文中的变量 D_CEO。未报告的分析数据显示得出 D_CHAIR 和 P_BOARD 均有显著为正的系数，表明了政治关联性显著促进了 IPO 公司的长期股价表现。同时，本章发现在配额制与通道制下上市的 IPO 公司具有显著较好的长期股价表现。

同时，本章根据 D_SOE、D_CEO、D_CHAIR 以及 D_BOARD（当某 IPO 公司的 P_BOARD 变量的值大于其中位数时，该变量取值为 1，其余为 0）还增设了 IPO 公司政治关联性分值（POLITCAL_S）。变量 POLITCAL_S 取值为 0 至 4，4 表示 IPO 公司的政治关联性最高（该 IPO 公司为国有企业，且具有拥有政治背景的 CEO、董事长及大多数的董事会成员）。未报告的回归分析表明，政治联系得分与投资期为 24 个月和 36 个月的 AD – BHR 显著正相关。以上发现为有政治关联的 IPO 公司具有更好的长期股价表现这一结论提供了强有力的证据。

Wang（2005）、Tian（2001）、Sapienza（2004）和 Charumilind 等（2006）提出了具有政治关联的 IPO 公司可以得到政府特殊待遇，特别是可以以优惠的条款优先从银行获得贷款。因此，很有必要对这一想法进行验证，从而找出具有政治关联的 IPO 公司拥有更好的长期股价表现的原因。表 7 – 7 显示了政治关联变量与银行贷款额与总负债比（BANKL）的单变量检验结果。面板 A 和面板 C 说明了国有企业（D_SOE）和具有政治关联的董事会主席（D_CHAIR）的 IPO 公司有显著更高的银行贷款与总负债比。另外，由于 P_BOARD 变量有许多观测值为 0，所以将 P_BOARD变量观测值为 0 的 IPO 公司设为一组（组 1），将剩下的 IPO 公司平均分为两组（组 3 是具有最高政治关联董事会成员比例的公司）。随后，对以上各组的 BANKL 进行比较分析，面板 D 显示 BANKL 与 P_BOARD 呈清晰的正相关关系，具有最高政治关联董事会成员比例的组 3 所获得的银行贷款显著高于其他两组。最后，把样本公司根据政治关联性分值（POLITICAL_S）分为五组并比较这五组之间的银行贷款与总负债比。面板 E 呈现了变量之间明确的正相关关系。同时，也发现了最高政治关联性分值的组和最低政治关联性分值的组之间银行贷款与总负债比存在着显著差异。以上分析结果与先前研究提出的观点一致，因此找到了政治关联性高的 IPO 公司具有更好的长期股价表现的合理解释。

表 7-7　　IPO 的银行贷款情况

面板 A：国有企业与非国有企业						
	国有企业	非国有企业	差别	T 检验		
BANKL（%）	10.23	6.2	4.03***	3.46		
面板 B：公司有无政治关联的 CEO						
	有政治关联的 CEO 的公司	无政治关联的 CEO 的公司	差别	T 检验		
BANKL（%）	10.18	8.55	1.63	0.88		
面板 C：公司有无政治关联的董事长						
	有政治关联董事长的公司	无政治关联董事长的公司	差别	T 检验		
BANKL（%）	10.86	8.27	2.59*	1.72		
面板 D：按 P_BOARD 分组的样本						
	组 1（P_BOARD = 0）	组 2	组 3（P_BOARD 分值最高）	最高值组与最低值组相比		
				差别	T 检验	
BANKL（%）	7.24	8.77	10.42	3.18**	2.08	
面板 E：按 POLITICAL_S 分组的样本						
	POLITICAL_S = 0（最低值）	POLITICAL_S = 1	POLITICAL_S = 2	POLITICAL_S = 3	POLITICAL_S = 4	最高值组与最低值组相比	
						CHABIE	T 检验
BANKL（%）	5.36	7.64	8.67	10.69	15.85	10.48***	3.79

注：本表显示的是各样本的银行贷款除以总负债的均值。面板 A 比较了国有和非国有企业的银行贷款与总负债比，面板 B 比较了有无政治关联 CEO 公司的 BNAKL 的结果，面板 C 比较了有无政治关联董事长公司的 BNAKL 的结果。由于 P_BOARD 变量有许多观测值为 0，所以本章将 P_BOARD 变量观测值为 0 的 IPO 公司设为一组（组 1），将剩下的 IPO 公司平均分为两组（组 3 是具有最高政治关联董事会成员比例的公司）（见面板 D）。面板 E 显示了 BANKL 与政治关联性分值的关系。变量定义见表 7-1。

***：表示通过了 1% 的显著性水平检验。

**：表示通过了 5% 的显著性水平检验。

*：表示通过了 10% 的显著性水平检验。

7.5.3.2 日历时间投资组合回归分析

本章采用包含 Fama 和 French（1993）三因素模型的日历时间投资组合回归来进一步估计 IPO 公司长期股价的异常收益。从 2000 年 2 月到 2010 年 12 月的每个月中，本章采用了在该月前 36 个月当中发行新股的 IPO 公司来建立投资组合。按照如下模型对投资组合的价值加权回报率进行回归分析：

$$R_{pt} - R_{ft} = a + b(R_{mt} - R_{ft}) + sSMB_t + hHML_t + e_t$$

其中，R_{pt}是 IPO 投资组合在第 t 月的收益，R_{ft}是 10 年期国库债券在第 t 月的收益。R_{mt}是沪深证券交易所 A 股指数在第 t 月的加权回报率，SMB_t是小公司与大公司的投资组合月度回报率的差异。HML_t是 B/M 高的公司与 B/M 低的公司组合月度回报率的差异。e_t是误差项。本章采用在沪深证券交易所的所有上市公司来计算 SMB_t与 HML_t值。IPO 公司的长期股价的超额收益率体现在 Eq.（1）的截距项（α）中。表 7－8 的面板 A 显示了整体样本的截距项 α 显著为负，意味着样本中的我国 IPO 公司经历了长期股价弱势表现。为了检验假设 1，对以国有企业为样本的投资组合（模型 2）以及非国有企业为样本的投资组合（模型 3）进行了相同的日历时间投资组合回归，模型 2 和模型 3 表明国有企业的 α 值比非国有企业的 α 值更高。更重要的是，不同投资组合的差异性回归模型中产生了显著为正的 α 值（模型 4）。同样，分析发现有政治关联 CEO 的 IPO 公司与无政治关联 CEO 的公司相比，其资产组合有显著更高的超额收益（模型 7）。这个结果为有政治关联的 IPO 公司经历较少的长期股价弱势走势提供了强有力的证据。模型 8 显示的是选择 2000—2004 年（配额制和通道制时期，REGULATION 取值为 1）上市公司作为投资组合的回归结果。同样，模型 9 显示的是选择在 2005—2007 年（询价制度时期，REGULATION 取值为 0）上市公司作为投资组合的回归结果。模型 10 比较了不同 IPO 发行制度时期下 IPO 投资组合的超额收益率，结果显示配额制与通道制下的 IPO 投资组合的超额收益率高于询价制度时期 IPO 投资组合的超额收益率。虽然该投资组合差异性回归的 α 值在统计学意义上不显著，但其结果与 IPO 发行特殊监管时期的政治关联能提高 IPO 公司长期股价表现的观点是一致的。同时，本章还采用了 IPO 投资组合的月度回报率减去匹配公司的月度回报率作为 Eq.（1）的 Rpt 项，从而进行匹配样本下的日历时间投资组合回归分析。表 7－8 面板 B—面板 D 显示了与其他分析非常相似的结果。

表7－8　日历时间投资组合的回归结果

样本	（1）整体样本	（2）国有企业	（3）非国有企业	（4）（2）与（3）的差别	（5）CEO 变量取1	（6）CEO 变量取0	（7）（5）和（6）的差别	（8）REGULATION 取1	（9）REGULATION 取0	（10）（8）和（9）的差别
面板 A：IPO 投资组合回报率										
截距	-0.029***	-0.017***	-0.029***	0.012***	-0.009***	-0.021***	0.010***	-0.020***	-0.028***	0.011
T 检验	-5.81	-6.18	-7.21	3.65	-0.240	-7.26	2.67	-7.06	-3.28	0.73
$R_m - R_f$	0.387***	0.884***	0.829***	0.054	0.789***	0.893***	-0.113***	0.847***	0.852***	0.031
SMB	0.130	-0.120	0.306*	-0.426***	-0.612***	0.045	-0.584***	-0.009	-0.144	0.169
HML	-0.065	-0.101	-0.002	-0.099	0.260	-0.129	0.310*	-0.105	0.127	-0.281
R^2	0.562	0.935	0.831	0.102	0.860	0.936	0.331	0.930	0.847	0.038
N	131	131	131	131	129	131	129	92	70	31
面板 B：调整后 IPO 投资组合回报率（规模匹配投资组合）										
截距	-0.032***	-0.020***	-0.032***	0.012***	-0.011	-0.024***	0.010***	-0.021***	-0.025**	0.011
T 检验	-3.04	-2.66	-4.84	3.65	-1.39	-3.28	2.67	-2.81	-2.23	0.73
$R_m - R_f$	-0.247	0.249	0.195	0.054	0.161	0.258*	-0.113***	0.357*	0.259	0.031
SMB	-0.125	-0.375*	0.051	-0.426***	-0.895***	-0.210	-0.584***	-0.587	-0.453	0.169
HML	0.139	0.102	0.201	-0.099	0.505	0.075	0.310*	0.163	0.495	-0.281
R^2	0.145	0.238	0.165	0.102	0.194	0.269	0.331	0.332	0.223	0.038
N	131	131	131	131	129	131	129	92	70	31
面板 C：调整后 IPO 投资组合回报率（B/M 匹配投资组合）										
截距	-0.034***	-0.021***	-0.033***	0.012***	-0.013	-0.025***	0.010***	-0.021***	-0.028**	0.011
T 检验	-3.19	-2.86	-5.15	3.65	-1.62	-3.51	2.67	-2.97	-2.43	0.73
$R_m - R_f$	-0.227	0.269*	0.215*	0.054	0.179	0.278**	-0.113***	0.406**	0.272*	0.031

续表

样本	（1）整体样本	（2）国有企业	（3）非国有企业	（4）（2）与（3）的差别	（5）CEO 变量取 1	（6）CEO 变量取 0	（7）（5）和（6）的差别	（8）REGULATION 取 1	（9）REGULATION 取 0	（10）（8）和（9）的差别
面板 C：调整后 IPO 投资组合回报率（B/M 匹配投资组合）										
SMB	-0.042	-0.292	0.134	-0.426***	-0.742***	-0.127	-0.584***	-0.609*	-0310	0.169
HML	0.853**	0.817***	0.916***	-0.099	1.171***	0.790***	0.310*	0.950**	0.855	-0.281
R^2	0.159	0.262	0.224	0.102	0.208	0.292	0.331	0.398	0.222	0.038
N	131	131	131	131	129	131	129	92	70	31
面板 D：调整后 IPO 投资组合回报率（规模匹配和 B/M 匹配投资组合）										
截距	-0.033***	-0.021***	-0.033***	0.012***	-0.012	-0.025***	0.010***	-0.023***	-0.024**	0.011
T 检验	-3.24	-2.93	-5.03	3.65	-1.56	-3.59	2.67	-3.16	-2.25	0.73
$R_m - R_f$	-0.244	0.252*	0.197	0.054	0.164	0.261*	-0.113***	0.388**	0.250	0.031
SMB	-0.073	-0.323	0.103	-0.426***	-0.815***	-0.158	-0.584***	-0.611	-0.418	0.169
HML	0.699*	0.663**	0.762**	-0.099	1.051***	0.636**	0.310*	0.817**	0.751	-0.281
R^2	0.168	0.246	0.186	0.102	0.210	0.275	0.331	0.365	0.210	0.038
N	131	131	131	131	129	131	129	92	70	31

注：本表显示了日历时间投资组合的回归结果。样本周期为 2000 年 2 月至 2010 年 12 月。本章采用了在该月前 36 个月当中发行新股的 IPO 公司来建立投资组合。面板 A 的因变量为 IPO 投资组合的月度加权回报率减去 10 年国库债券（R_f）的回报率。面板 B 到面板 D 用调整后投资组合的月度加权回报率（IPO 资产组合回报率减去匹配资产组合回报率）减去 10 年国库债券回报率作为因变量。R_m 是沪深证券交易所 A 股指数的月度加权回报率。SMB 是小公司与大公司的投资组合月度回报的差异。HML 是 B/M 高的公司与 B/M 低的公司组合月度回报率的差异。本章用所有沪深证券交易所的上市公司来计算 SMB 与 HML。为了节省空间，只显示了截距项 α 值的 T 检验。变量定义见表 7-1。

***：表示通过了 1% 的显著性水平检验。

**：表示通过了 5% 的显著性水平检验。

*：表示通过了 10% 的显著性水平检验。

7.6 结论

先前研究给出充分的证据表明，公司上市之后的几年里与其对照匹配的公司相比会呈现出长期股价弱势状态（Aggarwal 等，1993；Álvarez 和 González，2001；Aussenegg，2000；Loughran 和 Ritter，1995；Keloharju，1993；Kim 等，1995；Omran，2005；Page 和 Reyneke，1997；Ritter，1991）。IPO 公司的长期股价弱势现象的存在是公司金融研究中的一大难题。然而，Chan 等（2004）的研究结论显示中国 IPO 公司的长期股价表现与匹配的上市企业相比仅有略微弱势表现。同时，中国 IPO 发行体制发生了巨大改革变迁，对 IPO 公司的选择程序与监管也逐步被废除。因此，中国 IPO 数据为研究政治关联是否会影响 IPO 公司长期股价表现提供宝贵机会和研究环境。本章以 2000—2007 年上市的 627 家 IPO 公司为研究样本，发现有政治关联的 IPO 公司在上市之后确实有更好的长期股价表现。据先前研究的结论表明，政治关联可以为公司带来各种优先福利，从而显著提升企业的经营业绩和公司价值（Faccio，2006；Faccio 等，2006；Charumilind 等，2006；Fan 等，2007；Francis 等，2009）。本书的研究结果支持了这一观点。

本章的研究结果还表明，在配额制和通道制时期上市的公司比在询价制度时期上市的公司经历的长期股价弱势表现较少。这是因为在配额制与通道制时期更多的具有政治关联的公司被推荐上市，从而使得这一时期的 IPO 公司的长期股价表现更好。总体来说，本章的结果表明政治关联为中国 IPO 公司创造了实质性的价值。

8　研究结论与启示

8.1　研究结论

IPO 抑价和长期股价弱势表现是公司金融领域中的两大谜团，近几十年里吸引了大批研究人员的关注（Beatty 和 Ritter，1986；Rock，1986；Ritter，1991；Keloharju，1993；Kim 等，1995；Loughran 和 Ritter，1995；Cai 和 Wei，1997；Rydqvist，1997；Teoh 等，1998a；Gompers 和 Lerner，2003）。除此之外，IPO 过程中管理者行为效应也受到学者们的关注（Aharony 等，1993；Friedlan，1994；Teoh 等，1998a，b；DuCharme 等，2001；Roosenboom 等，2003；Darrough 和 Rangan，2005）。尽管已有众多学者致力于解开谜团，但 IPO 抑价、长期股价弱势表现以及 IPO 盈余管理这三大议题仍然存在疑问。

首先，有学者提出，法律因素会对 IPO 抑价产生显著的影响（La Porta 等，1997，1998，2002），然而，该议题的实证研究所得出的结论却并不相同。一方面，根据信息不对称假设，强大的投资者保护可能会减轻信息不对称，进而降低 IPO 抑价程度。而另一方面，Ibbotson（1975），Hughes 和 Thakor（1992），以及 Lowry 和 Shu（2002）的研究结果均支持诉讼风险假设，IPO 公司有强烈动机使用低价发行新股来降低未来的诉讼风险，这一现象在有着强有力的法律保护体系的国家尤为明显。尽管近期的研究通过多国样本来进一步阐述这个问题（Engelen 和 Essen，2010；Boulton 等，2010；Banerjee 等，2011；Hopp 和 Dreher，2013），但结论仍然大相径庭。其次，IPO研究文献也表明，政治关联度对上市进程有重大影响。（Fan等，2007；Francis等，2009）。有研究结论表明，企业的政治联系会降低公司效率从而损害公司价值（Shleifer和Vishny，1994；Cheung等，2005；Fan等，2007），但另一部分研究结论表明，政治关联会给其拥有者带来优惠待遇，减轻投资者对企业破产的担忧（Faccio，2006；Faccio等，2006；Francis等，2009），从而产生更好的长期股价表现。再次，学者们实证发现许多因素与IPO盈余管理密切相关，如管理者持股比例的下降，审计师与承销商的信誉，审计委员会的设置，公司规模、公司的年龄和财务杠杆（Aharony等，1993；Copley和Douthett，2002；Jog和McConomy，2003；Darrough和Rangan，2005；Morsfield和Tan，2006；Fan，2007）。然而，公司金融的实证研究通常都会受到内生性问题的限制，这些潜在的变量的影响很难通过IPO研究中所采用的截面数据来控制。同时，很难将IPO过程中独有的以高发行价为目的盈余管理与为了实现其他目的所采用的盈余管理中区分开来。

本书采用中国IPO数据来研究上述问题。我国IPO发行制度经历了重大变迁。在2005年以前，中央政府对IPO发行采用的是独特审批制（配额制和通道制），并通过配额制和通道制的方式来选择拟上市公司。在我国独特的IPO选择机制下，地方政府和证券公司更倾向于选择经营表现更好，且具有政治关联的企业（如国有企业）上市。在此期间，中央政府也通过网上固定价格方式来控制发行价格。在网上固定价格发行方式下，其发行价由每股税后收益乘以给定的P/E比率所决定。在该定价机制下，公司所在地的法律保护程度以及公司特征对IPO抑价的影响非常有限，但另一方面，由于给定P/E比率，IPO公司会有更强烈的动机使用盈余管理从而获得更高的发行价格。然而，配额制和通道制于2005年被取消，同时引入了询价机制。询价机制作为一种更透明更市场化的发行方式，赋予了发行人和承销商在IPO过程中更多的自由裁量权。因此，我国IPO市场将为研究IPO抑价、长期股价弱势表现以及盈余管理等问题提供机会。

在本书中，实证结果表明取消网上固定价格发行机制后，IPO抑价和盈余管理水平明显下降。即使在控制了不随时间变化的省份固定效应的情况下，公司所在地的法律框架越完善，其IPO抑价程度越低。同时，研究结果还显示，当IPO公司所在省份的经济发展水平越高时，IPO抑价程度越低。重要的是，上述两种负相关趋势只有在引入询价机制后才显著。这表明当IPO发行定价过程所受的监管越少，那么法律因素与宏观因素才会显著地影响IPO抑价。本书还发现，IPO盈余管理水平受到了管理者的持股比例、银行债务的可用性以及IPO企业的国有背景等因素的影响，但在询价机制时期上述显著关系不再存在。由此证明这些因素显著地影响了IPO企业为了获得更高的发行价格而使用盈余管理的动机。最后，研究发现当 IPO 公司政治关联程度越高时，其上市后的长期股价表现更好。在配额制和通道制的背景下，大量具有政治关联的国有企业被挑选上市。因此，在配额制和通道制下上市的 IPO 公司与在询价机制下上市的 IPO 公司相比具有更好的长期股价表现，这一结果表明我国特有的 IPO 选择机制对 IPO 长期股价表现产生了积极影响。

8.2 研究启示

根据本书的实证研究结论，提出以下相关研究启示。

第一，要坚持市场化原则。

股票发行定价和发行数量需要进一步坚持市场化。要真正实现新股发行制度市场化改革，新股发行市场必须是一个完全市场化和完全竞争的市场。我国证券市场在建立市场化的发行机制方面进行了多方面的尝试，在询价制、保荐人制度等方面有了初步成效，但是，我国新股发行市场远没有达到真正市场化，更没有实现完全竞争。新股发行市场一个最为基础的功能就是合理配置社会资金，但只有做到真正市场化和完全竞争，这种配置才具有效率。现在的问题是，我国的新股发行市场目前仅具备了市场形式，而市场功能并没有发挥出来。因此，要使新股发行制度市场化改革成功，就必须进行促进市场化竞争的制度安排。

从新股发行制度市场化改革最终目标来看，我国新股发行审核制度应该是像英、美等国家目前实现的注册制度，而注册制实现的前提就是要求政府放宽对拟发行公司的市场准入限制，所有企业，不管所有制结构、行业、地域有多大差异，只有符合《公司法》对股票发行基本规定的要求，都可以申请发行股票。企业是否能够金融市场融资，进入之后是否能够持续交易应当由市场判断，但是为了减少证券交易所上市实质审核的压力，也应当要求保荐机构对拟发行公司实现公司治理结构规范为主的上市辅导工作。同时要放宽社会资金的市场准入限制。市场是一个各种资源要素进行交换的场所，资金作为资源要素之一，不应该由政府限制其进入市场的条件。只要政府把握好资金来源不是非法资金，任何市场主体的资金都应该以平等条件进入市场。

第二，要完善保荐人制度。

实现新股发行审核注册制度，配合保荐制度实施。保荐制设立的本意是由中介机构把好拟发行公司的质量关，向审核机构提供优质企业。如果仍然保持目前的证监会对新股发行的实质审核，保荐制并没有存在的意义。企业缴纳的保荐费用成为保荐机构一块变相的租金收入，因为保荐机构并没有实际承担起保荐责任。完善保荐人制度应从立法层面着手保护投资者利益，延长保荐期间，规定保荐人应对投资者在其披露的信息市场消化吸收的阶段因该信息造成的财产损失承担相应责任。强调保荐机构的法律责任，做好保荐制度与民事赔偿制度的衔接，在法律层面上明确保荐人这一在新兴市场主体的法律地位，并对其违法情形及行政处罚加以明确规定同时，加强对保荐人及保荐代表人的监督。

保荐制度通过加大投行业质量把关责任的方式提高了投资银行业的进入门槛，从而改变目前投资银行业同质化恶性竞争格局。保荐制取消了原有的“通道”限制，投资银行质量把关的约束力将不是来自于通道周转率，而是来自于保荐机构和保荐代表人所承担的连带责任。所以，尽职调查做得越好，督导工作做得越好，咨询服务做得越好，综合质量把关做得越好，发行定价越合理的投资银行，其业务效益将得到提升，市场信誉将得到提高，信誉提高后又反过来促进其业务量和市场份额的增长，从而形成一种正向的信誉激励机制。反之，质量把关不严的投行在出现重大违规行为后将承担连带责任，依情节的轻重，将受到公开批评、公开谴责、取消保荐资格等一系列的处罚。因而，保荐制度的实施，将通过信誉激励机制和连带责任惩罚约束机制来形成投资银行优胜劣汰的良性竞争格局。

第三，要建立公平竞争环境。

制度主体竞争包括中介机构之间竞争、证券交易所之间竞争、投资者之间竞争和拟发行公司之间竞争四个方面。既然是竞争，就不能存在保护某一方的情况。长期以来，为保护中介机构、证券交易所、机构投资者和国有企业的利益，政府在制度设计时总是向这些主体倾斜，例如中介机构的固定佣金制度，证券交易所的寡头垄断地位，机构投资者认购新股的特殊“待遇”以及国有企业改制设立时间的豁免条件等。这些制度设计中的特殊规定也是导致制度缺陷的重要因素。因此，要实现新股发行制度市场化改革，就必须摒弃这些特殊规定，创造一个给予制度主体平等竞争的制度环境。具体措施可以包括：废除固定佣金制度，实现浮动佣金制度，让证券公司根据自身实力和能力来争取市场份额；改变目前只有两家证券交易所现状，一方面实行公司化改革，另一方面可以根据市场发展需要多设立几家证券交易所，同时彻底放开国内企业到国外上市的限制，也允许国外企业到中国证券交易所上市；废除机构投资者认购新股特别待遇，与普通投资者一视同仁；放开新股发行市场准入限制，各种所有制企业只有符合《公司法》关于股票公开发行条件，都可以向证监会提出发行申请。建立投资银行信誉机制和良性竞争格局。

第四，要提升市场参与者水平。

所有证券投资机构（其中包括保险公司、企业年金管理公司、证券投资基金、信托公司和证券公司）都必须采用统一的标准。同时，对机构专业从事投资顾问和投资决策人员进行专业资格认定。另一方面，在国有制控股模式下，机构投资者的治理结构与投资管理水平不可能得到大幅提升。因此，为了实现强化我国的专业机构投资者队伍；以及在公平竞争环境中引进包括外资的新进入者等目标，机构投资者必须实现股权多样化甚至私有化。同时，必须放松对所有机构投资者的投资限制，以及建立合理的、协调统一的投资法规。随着股票发行市场可投资品种的多样化，有必要对机构投资者自身风险和预期回报方面的信息披露加强监管。

第五，要提高公司法人治理结构。

建立科学合理、相互制约的公司法人治理结构，提高发行、上市公司质量，保障中小投资者的合法权益。保荐制有助于实现承销商（保荐机构）、保荐代表人、会计师事务所、律师事务所在新股发行中的两项基本职能：一是为发行公司和上市公司的信息披露提供专业性服务和监督；二是督导发行公司和上市公司的大股东、董事以及经理层履行其对股东的诚信义务，依法规范运作。中介机构这两方面基本职能的主要目标，是最大限度地消除上市公司实际控制人和外部投资者之间的信息不对称，增强两者之间的诚信度。同时中介机构对公司外部投资者的相互诚信度也随着保荐制度规定而增强。为什么诚信度可以增强？其原因在于保荐制实施的法治环境、保荐制所赋予制度供给主体的权利和责任能够在发行公司、上市公司和中介机构内部中建立一套科学合理、相互制约的公司法人治理结构，当制度供给主体和制度需求主体之间的信息不对称情形减少到最低程度时任何一方都不可能依赖信息优势来侵害信息弱势一方的利益。诚信是健康资本市场的标志，诚信的建立必然会提高发行、上市公司质量，从而保障中小投资者的合法权益。

第六，要对新股发行市场进行适度干预。

新股发行市场不但存在制度缺陷，而且还存在投资者非理性行为所带来的市场缺陷。因此，政府保持适度干预是必要的。但是，政府对市场的调控应该坚持既定的规则，并保持连续性，为新股发行市场提供一个稳定的环境，应该避免对市场的干预范围过广、程度过深、次数过频，也应该避免经常改变政策目标，引起市场的猜测，产生政策市和消息市。否则，致力于稳定股票市场的政府干预反而变成市场的不稳定因素。因此必须规范政府行为，做到政府职责明确定位，解除角色冲突，转变工作方法。当前尤其应该解决好政府在处理与拟发行公司关系中的错位、越位和缺位问题。对于国有控股、参股的拟发行公司来说，政府作为国有资产的代表，必须履行出资者的职责，可以委托一些经济部门和选用一些自然人作为代表参与公司决策、经营，以维护出资者的利益，并对受托代理人实施监督。但为了解决政府作为社会公共事务管理者与企业行为的角色冲突，政府不应参与和涉足企业的具体经营事务。政府成立资产经营公司和授权企业集团对国有资产进行经营，是解决政府职能矛盾和社会角色冲突的一个重要举措。另一方面，为了保证拟发行公司符合公开发行股票和上市要求，必须完善其法人治理结构，让拟发行公司运行按照现代企业制度模式运行，减少人为干预。

同时要重视新股发行制度改革当中的制度执行作用。政府在对新股发行市场进行规范和监管时，虽然从制度供给上出台了很多法规和实施细则，但是制度执行却往往出现问题。原因有二：一是政府的制度没有形成普遍权威，执行者执行起来不能形成事实约束；二是执行者没有被充分激励去很好地执行，造成执行效率普遍不高。因此，加强政府的制度执行效果，必须做到两点，一是要形成制度权威性，树立权威就是要求政府对违反制度者具有实际的惩罚权力。目前证监会权力过小而不能对违反证券监管法律的行为实行强制措施，所以造成制度执行不力。从2006年《证券法》的内容来看，证监会的执法能力已经有所增强。二是要改变政府官员的政绩考核指标，不能总是盯着GDP或多发几只股票，而应当将制度执行指标作为考核官员的一项重要指标，只有这样才能对政府官员制度执行产生有效的激励作用。

综上所述，政府应当为新股发行制度改革提供自由创新环境，总揽全局，协调实施。虽然政府本身是一个制度变迁主体，而且从我国新股发行制度变迁过程来看，政府的制度创新作用最为突出。但是政府的另一个作用应该是要弥补制度缺陷和市场缺陷，不应当限制其他制度主体进行创新的活力。在我国新股发行市场中，证券交易所、中介机构是最具有实际制度供给能力的主体，它们表现为对市场非常敏感，能够敏锐地捕捉潜在的各种机会，对制度创新有强烈的渴望。而且，在证券交易所和中介机构中聚集大量人才，积累了对市场运行的各种知识和对制度创新的深刻认识，有能力进行制度创新。这些制度主体的创新精神和逐利动机的充分发挥是市场活力之源。当个制度主体对蕴藏着巨大机会的制度创新需求不能得到满足，对制度供给受到限制时，新股发行制度改革就不能称之为“市场化”改革。

新股发行制度改革，不是一两个具体制度的修改、补充或完善，而是一个庞大的系统工程。如果不能总体设计、协调实施，不但改革目标无法实现，而且改革后的制度会发生变形，市场运行会产生适得其反的效果。新股发行制度包括新股发行审核制度、新股发行方式、新股发行信息披露制度和新股发行监管制度。总揽全局的最大益处在于利用我国政府目前的强势力量，彻底解决阻碍制度变革各种外在势力的影响，将总体改革成本降低到最小程度。以往的渐进性制度变革并不意味着总体改革成本低于激进性制度变革。同时，总揽全局的战略思想也不代表所有制度在同一时间进行改革，而应当是有步骤、有计划分步具体实施，在实施过程中，立法作用非常重要。我国新股发行制度改革取得成功的关键就在于，一定要依靠法律而不是靠某一个机构来协调各个利益集团的关系，只有做到这一点，总揽全局、协调实施的战略思想才能实现。

附　　录

附录1　省份法律框架指数

附录1展示了Fan等（2011）提出的法律框架指数（总法律环境得分）的均值，时期为1997—2009年，法律框架指数是以下四部分的算术平均值：（1）市场中介机构的发展（律师和会计师的服务条件；行业协会的援助能力；技术服务和出口的条件）；（2）生产者的产权保护（经济犯罪数量占省GDP的比值）；（3）知识产权保护（专利申请和接受数量占科学技术人才数量的比值）；（4）消费者权利保护（消费者投诉数量与消费相关的省GDP数量比值）。2001年作为基准年度，每一部分最小值和最大值被设定为0和10。每一部分在其他年度的值是根据基础年份标准化得来。

东部地区（11个省份）		中部地区（8个省份）		西部地区（12个省份）	
北京	8.701	陕西	3.879	四川	4.166
河北	3.791	黑龙江	4.365	贵州	2.629
上海	11.056	江西	3.371	西藏	2.423
浙江	8.781	湖北	4.060	甘肃	2.560
山东	4.916	吉林	4.107	宁夏	3.000

续表

东部地区（11个省份）		中部地区（8个省份）		西部地区（12个省份）	
海南	3.541	安徽	3.804	广西	3.322
天津	7.132	河南	3.615	重庆	3.804
辽宁	5.265	湖南	3.175	云南	3.185
江苏	7.412			山西	3.366
福建	5.233			青海	2.560
广东	8.518			新疆	2.214
				内蒙古	3.742

附录2　法律框架指数和子部分得分

附录2展示了来自樊纲等（2011）法律框架指数（总法律环境得分）的均值，以及它们子部分按区域和年度划分的得分：（1）市场中介机构的发展（律师和会计师的服务条件；行业协会的援助能力；技术服务和出口的条件）；（2）生产者的产权保护（经济犯罪数量占省GDP的比值）；（3）知识产权保护（专利申请和接受数量占科学技术人才数量的比值）；（4）消费者权利保护（消费者投诉数量与消费相关的省GDP数量比值）。2001年作为基准年度，每一部分最小值和最大值被设定为0和10。每一部分在其他年度的值是根据基础年份标准化得来。

区域＼年份	1997	1998	1999	2000	2001	2002	2003	2004	2005	2006	2007	2008	2009
法律框架指数													
均值：东部地区	3.15	3.48	3.68	4.25	5.55	6.01	6.51	6.72	7.83	8.36	9.42	10.53	12.37
均值：中部地区	1.83	2.08	2.94	3.00	2.96	3.16	3.38	3.69	4.62	4.77	5.18	5.60	6.25
均值：西部地区	1.99	2.08	2.46	2.26	2.28	2.51	2.73	3.05	3.86	3.98	4.38	4.84	4.93
均值：整个地区	2.37	2.60	3.01	3.16	3.61	3.92	4.24	4.51	5.47	5.74	6.37	7.05	7.91
市场中介机构													
均值：东部地区	NA	NA	2.44	2.79	3.99	4.29	3.76	3.99	6.43	6.43	6.43	6.43	7.34
均值：中部地区	NA	NA	1.49	1.53	1.75	1.80	1.62	1.67	5.41	5.41	5.41	5.41	5.98
均值：西部地区	NA	NA	1.16	1.10	1.40	1.40	1.21	1.28	4.26	4.26	4.26	4.26	3.51
均值：整个地区	NA	NA	1.72	1.81	2.41	2.53	2.22	2.34	5.33	5.33	5.33	5.33	5.51

续表

区域 \ 年份	1997	1998	1999	2000	2001	2002	2003	2004	2005	2006	2007	2008	2009
生产者产权保护													
均值：东部地区	2. 68	3. 12	3. 93	4. 06	6. 03	6. 03	6. 03	6. 15	5. 54	4. 93	4. 99	5. 78	5. 70
均值：中部地区	3. 14	6. 35	3. 12	3. 34	2. 91	2. 91	2. 91	3. 37	2. 59	1. 97	2. 16	3. 98	4. 64
均值：西部地区	3. 61	3. 64	2. 99	3. 16	3. 07	3. 07	3. 07	3. 20	2. 63	2. 05	2. 66	3. 97	3. 57
均值：整个地区	3. 15	3. 37	3. 37	3. 52	4. 08	4. 08	4. 08	4. 29	3. 65	3. 05	3. 36	4. 62	4. 60
知识产权保护													
均值：东部地区	1. 53	1. 72	3. 00	3. 70	4. 30	5. 48	7. 61	7. 73	10. 03	12. 51	16. 33	19. 75	26. 07
均值：中部地区	6. 48	0. 62	0. 89	1. 06	0. 89	1. 04	1. 41	1. 57	2. 00	2. 61	348	3. 18	4. 27
均值：西部地区	0. 54	0. 65	0. 45	0. 59	0. 55	0. 61	0. 95	1. 07	1. 33	1. 90	2. 36	2. 33	3. 43
均值：整个地区	0. 88	1. 03	1. 50	1. 81	1. 97	2. 45	3. 43	3. 56	4. 59	5. 85	7. 61	8. 73	11. 68
消费者权利保护													
均值：东部地区	NA	NA	6. 56	7. 11	7. 87	8. 24	8. 64	8. 99	9. 34	9. 57	9. 91	10. 16	10. 37
均值：中部地区	NA	NA	5. 61	6. 15	6. 31	6. 90	7. 58	8. 16	8. 59	8. 98	9. 47	9. 82	10. 10
均值：西部地区	NA	NA	3. 53	3. 83	4. 15	4. 96	5. 69	6. 63	7. 16	7. 72	8. 22	8. 78	9. 22
均值：整个地区	NA	NA	5. 20	5. 59	6. 03	6. 62	7. 22	7. 86	8. 30	8. 70	9. 14	9. 54	9. 85

参考文献

[1] AERTS W, CHENG P. Causal disclosures on earnings and earnings management in an IPO setting [J]. Journal of accounting & public policy, 2011, 30 (5): 431 -459.

[2] AGGARWAL R, LEAL R, HERNANDEZ L. The aftermarket performance of initial public offerings inLatin America [J]. Financial management, 1993, 22 (1): 42 -53.

[3] AHARONY J, LEE C W J, WONG T J. Financial packaging of IPO firms in China [J]. Journal of accounting research, 2000, 38 (1): 103 -126.

[4] AHARONY J, LIN C J, LOEB M P. Initial public offerings, accounting choices, and earnings management [J]. Contemporary accounting research, 1993, 10 (1): 61 -81.

[5] AHARONY J, WANG J, YUAN H. Tunneling as an incentive for earnings management during the IPO process in China [J]. Journal of accounting & public policy, 2010, 29 (1): 1 -26.

[6] ALLEN F, FAULHABER G R. Signaling by underpricing in the IPO market [J]. Journal of financial economics, 1989, 23 (2): 303 -323.

[7] ALLEN F, QIAN J, QIAN M. Law, finance, and economic growth in China [J]. Journal of financial economics, 2005, 77 (1): 57 -116.

[8] ANDY C W CHUI, SHERIDAN TITMAN, K C JOHN WEI. Individualism and

momentum around the world [J]. The journal of finance, 2010, 65 (1): 361 -392.

[9] ANG A, GU L, HOCHBERG Y V. Is IPO underperformance a pesoproblem? [J]. Journal of financial & quantitative analysis, 2007, 42 (3): 565 -594.

[10] BAKER M, WURGLER J. The equityshares in new issues and aggregate stock returns [J]. Journal of finance, 2000, 55 (5): 2219 -2257.

[11] BANERJEE S, DAI L, SHRESTHA K. Cross - country IPOs: What explains differences inunderpricing? [J]. Journal of corporate finance, 2011, 17 (5): 1289 -1305.

[12] BARBER B M, LYON J D. Detecting long-run abnormal stock returns: The empirical power and specification of test statistics [J]. Journal of financial economics, 1997, 43 (3): 341 -372.

[13] BARBER B M, LYON J D. Detecting long-run abnormal stock returns: The empirical power and specification of test statistics [J]. Journal of financial economics, 1997, 43 (3): 341 -372.

[14] BECKMAN J, GARNER J, MARSHALL B, et al. The influence of underwriter reputation, keiretsu affiliation, and financial health on the underpricing of Japanese IPOs [J]. Pacific - basin finance journal, 2001, 9 (5): 513 -534.

[15] BENVENISTE L M, SPINDT P A. How investment bankers determine the offer price and allocation of new issues [J]. Journal of financial economics, 1989, 24 (2): 343 -361.

[16] BERGER A N, UDELL G F. A more complete conceptual framework for SME finance [J]. Journal of banking & finance, 2006, 30 (11): 2945 -2966.

[17] BERGSTRESSER D, PHILIPPON T. CEO incentives and earnings management [J]. Journal of financial economics, 2006, 80 (3): 511 -529.

[18] BRADLEY D J, JORDAN B D. Partial adjustment to public information and IPO underpricing [J]. Journal of financial & quantitative analysis, 2002, 37 (4): 595 -616.

[19] BRAV A, GOMPERS P A. Myth or reality? The long - run underperformance of initial public offerings: evidence from venture andno venture capital - backed companies [J]. Journal of finance, 1997, 52 (5): 1791 -1821.

[20] BRAV A. Inference in long - horizon event studies: aBayesian approach with application to initial public offerings [J]. Journal of finance, 2000, 55 (5): 1979 -2016.

[21] BRENNAN M J, FRANKS J. Underpricing, ownership and control in initial public offeringsof equity securities in the UK [J]. Cepr discussion papers, 1995, 45 (3): 391 -413.

[22] BROWN P. Discussion of voluntary disclosure of management earnings forecasts in IPO prospectuses [J]. Journal of business finance & accounting, 2010, 30 (1 - 2): 125 -168.

[23] C HOPP, A DREHER. Do differences in institutional and legal environments explain cross - country variations in IPOunderpricing? [J]. Ssrn electronic journal, 2007, volume 45 (4): 435 -454.

[24] CAI J, WEI K C J. The investment and operating performance of Japanese initial public offerings [J]. Pacific - basin finance journal, 1997, 5 (4): 389 -417.

[25] CARTER R B, DARK F H, SINGH A K. Underwriter Reputation, initial returns, and the long - run performance of IPO stocks [J]. Journal of finance, 1998, 53 (1): 285 -311.

[26] CARTER R, MANASTER S. Initial public offerings and underwriter reputation [J]. Journal of finance, 1990, 45 (4): 1045 -1067.

[27] CHAN K, WANG J, WEI K C J. Underpricing and long - term performance of IPOs in China [J]. Journal of corporate finance, 2004, 10 (3): 409 -430.

[28] CHEMMANUR T J, FULGHIERI P. A theory of the going - public decision [J]. Review of financial studies, 1999, 12 (2): 249 -279.

[29] CHEN G, FIRTH M, GAO D N, et al. Ownership structure, corporate governance, and fraud: evidence from China [J]. Journal of corporate finance, 2006, 12 (3): 424 -448.

[30] CHEN S, SUN Z, TANG S, et al. Government intervention and investment efficiency: evidence from China [J]. Journal of corporate finance, 2011, 17 (2): 259 -271.

[31] CHEN X, LEE C, LI J. Government assisted earnings management in China [J]. Journal of accounting & public policy, 2008, 27 (3): 262 -274.

[32] CHEUNG Y L, OUYANG Z, TAN W. How regulatory changes affect IPO underpricing in China [J]. China economic review, 2009, 20 (4): 692 -702.

[33] CORNELLI F, GOLDREICH D. Book building: how informative is the order book? [J]. Journal of finance, 2003, 58 (4): 1415 -1443.

[34] CULL R, XU L C. Institutions, ownership, and finance: the determinants of

profit reinvestment among Chinese firms [J]. Journal of financial economics, 2005, 77 (1): 117-146.

[35] DARROUGH M, RANGAN S. Do Insiders Manipulate Earnings When They Sell Their Shares in an Initial PublicOffering? [J]. Journal of accounting research, 2005, 43 (1): 1-33.

[36] DEANGELO L E. Equity valuation and corporate control [J]. Accounting review, 1990, 65 (1): 93-112.

[37] DECHOW P M, SLOAN R G, SWEENEY A P. Detecting earnings management [J]. Accounting review, 1995, 70 (2): 193-225.

[38] DERRIEN F, WOMACK K L. Auctions vs. Book building and the control of underpricing in hot IPO markets [J]. Review of financial studies, 2003, 16 (1): 31-61.

[39] DERRIEN F. IPOpricing in " hot" market conditions: who leaves money on the table? [J]. Social science electronic publishing, 2005, 60 (1): 487-521.

[40] DJANKOV S, LA PORTA R, LOPEZDESILANES F, et al. The law and economics of self - dealing [C]. Harvard university department of economics, 2008: 430-465.

[41] DROBETZ W, KAMMERMANN M, WAELCHLI U. Performance of initial public offerings: the evidence for Switzerland [J]. Social science electronic publishing, 2003, 57 (3): 253-275.

[42] DU J, XU C. Which firms went public in China? A study of financial market regulation [J]. World development, 2009, 37 (4): 812-824.

[43] DUCHARME LL, MALATESTA P H, SEFCIK S E. Earnings management, stock issues, and shareholder lawsuits [J]. Journal of financial economics, 2002, 71 (1): 27-49.

[44] DUCHARME LL, MALATESTA P H, SEFCIK S E. Earnings management: IPO valuation and subsequent performance [J]. Journal of accounting auditing & finance, 2001, 16 (4): 369-396.

[45] DYCK A, ZINGALES L. Private benefits of control: an international comparison [J]. Journal of finance, 2004, 59 (2): 537-600.

[46] ENGELEN P J, ESSEN M V. Underpricing of IPOs: firm -, issue - and country - specific characteristics [J]. Journal of banking & finance, 2010, 34 (8): 1958-1969.

[47] FACCIO M, MASULIS R W, MCCONNELL JJ. Political connections and corporate bailouts [J]. Journal of finance, 2006, 61 (6): 2597 - 2635.

[48] FACCIO M. Politically connected firms [J]. American economic review, 2006, 96 (1): 369 - 386.

[49] FAMA E F, FRENCH K R. Common risk factors in the returns on stocks and bonds [J]. Journal of financial economics, 1993, 33 (1): 3 - 56.

[50] FAMA, EUGENE F, FRENCH, KENNETH R. The cross - section of expected stock returns [J]. Journal of finance, 1992, 47 (2): 427 - 465.

[51] FAN G, X WANG, AND L ZHANG. NERI Index of marketization of China's provinces [M]. 经济科学出版社, 2001.

[52] FAN G, X WANG, AND L ZHANG. NERI Index of marketization of China's provinces [M]. 经济科学出版社, 2011.

[53] FAN J P H, WONG T J, ZHANG T. Politically connected CEOs, Corporate governance, and the post - IPO performance of china's partially privatized firms [J]. Journal of applied corporate finance, 2004, 26 (3): 85 - 95.

[54] FAN Q. Earnings management and ownership retention for initial public offering firms: theory and evidence [J]. Accounting review, 2007, 82 (1): 27 - 64.

[55] FIELD L C, HANKA G. The expiration of IPO share lockups [J]. Journal of finance, 2001, 56 (2): 471 - 500.

[56] FIRTH M, LIN C, LIU P, et al. Inside the black box: bank credit allocation in china' s private sector [J]. Journal of banking & finance, 2009, 33 (6): 1144 - 1155.

[57] FIRTH M. An analysis of the stock market performance of new issues in New Zealand [J]. Pacific - basin finance journal, 1997, 5 (1): 63 - 85.

[58] FRANCIS BB, HASAN I, SUN X. Political connections and the process of going public: evidence from China [J]. Journal of international money & finance, 2009, 28 (4): 696 - 719.

[59] FRIEDLAN J M. Accounting choices of issuers of initial public offerings [J]. Contemporary accounting research, 1994, 11 (1): 1 - 31.

[60] GEERTH. Culture's consequences: comparing values, behaviors, institutions, and organizations across nations [M]. Shanghai foreign language education press, 2008.

[61] GOMPERS P A. The really long - run performance of initial public offerings: the pr - enasdaq evidence [J]. Journal of Finance, 2003, 58 (4): 1355 - 1392.

[62] GRINBLATT M, HWANG C Y. Signaling and the pricing of new issues [J]. Journal of finance, 2012, 44 (2): 393 -420.

[63] GUNASEKARAGE A, HESS K, HU A. The influence of the degree of state ownership andthe ownership concentration on the performance of listed Chinese companies [J]. Research in international business & finance, 2007, 21 (3): 379 -395.

[64] GUO H, BROOKS R. Underpricing of Chinese A - share IPOs and short - run underperformance under the approval system from 2001 to 2005 [J]. International review of financial analysis, 2008, 17 (5): 984 -997.

[65] HELWEGE J, LIANG N. FINANCING GROWTH AFTER THE IPO [J]. Journal of applied corporate finance, 2010, 8 (4): 73 -83.

[66] HELWEGE J, LIANG N. Initial public offerings in hot and cold markets [C]. Board of governors of the federal reserve system (U. S.), 2009: págs. 541 -569.

[67] HENSLER D A, RUTHERFORD R C, SPRINGER T M. The survival of initial public offerings in the aftermarket [J]. Journal of financial research, 1997, 20 (1): 93 -110.

[68] HÉRICOURT J, PONCET S. FDI and credit constraints: firm - level evidence from China [J]. Economic systems, 2009, 33 (1): 1 -21.

[69] HOPE O K. Firm - level disclosures and the relative roles of culture and legal origin [J]. Journal of international financial management & accounting, 2003, 14 (3): 218 -248.

[70] HOVEY M, NAUGHTON T. A survey of enterprise reforms in China: the way forward [J]. Economic systems, 2007, 31 (2): 138 -156.

[71] HUANG G, SONG F M. The financial and operating performance of China's newly listed H - firms [J]. Pacific - basin finance journal, 2005, 13 (1): 53 -80.

[72] HUGHES P J, THAKOR A V. Litigation Risk, Intermediation, and the underpricing of initial public offerings [J]. Review of financial studies, 1992, 5 (4): 709 -742.

[73] HUGHES P J. Signaling by direct disclosure under asymmetric information [J]. Journal of accounting & economics, 1986, 8 (2): 119 -142.

[74] HUGHES, JOHN S. Discussion of "The valuation of initial publicofferings" [J]. Contemporary accounting research, 1989, 5: 519 -525.

[75] HWANG C Y, JAYARAMAN N. The post - listing puzzle: evidence from

Tokyostock exchange listing [J]. Pacific - basin finance journal, 1993, 1 (2): 111 - 126.

[76] IBBOTSON R G, JAFFE J F. "Hot issue" markets [J]. Journal of finance, 1975, 30 (4): 1027 - 1042.

[77] IBBOTSON R G. Price performance of common stock new issues [J]. Journal of financial economics, 1975, 2 (3): 235 - 272.

[78] JEGADEESH N, WEINSTEIN M, WELCH I. An empirical investigation of IPO returns and subsequent equity offerings [J]. Journal of financial economics, 1993, 34 (2): 153 - 175.

[79] JELIC R, SAADOUNI B, BRISTON R. Performance of Malaysian IPOs: underwriters' reputation and management earnings forecasts [J]. Pacific - basin finance journal, 2001, 9 (5): 457 - 486.

[80] JENSEN M C, MECKLING W H. Theory of the firm: managerial behavior, agency costs, and ownership structure [M]. Economics social institutions. springer Netherlands, 1979: 305 - 360.

[81] JENSEN M C. Agency costs of free cash flow, corporate finance, and takeovers. [J]. Social science electronic publishing, 1994, 76 (2): 323 - 329.

[82] JIN H, QIAN Y, WEINGAST B R. Regional decentralization and fiscal incentives: federalism, Chinese style [J]. Social science electronic publishing, 2005, 89 (9 - 10): 1719 - 1742.

[83] JING C, PADGETT C. Short-run underpricing and its characteristics in Chinese initial publicoffering (IPO) markets [J]. Research in international business & finance, 2005, 19 (1): 71 - 93.

[84] KAHLE, K. M., 2000. Insider trading and the long-run performance of new security issues [J]. Journal of corporate finance 6, 25 - 53.

[85] KAO J L, WU D, YANG Z. Regulations, earnings management, and post - IPO performance: the Chinese evidence [J]. Journal of banking & finance, 2009, 33 (1): 63 - 76.

[86] KAUFMANN D. Corruption, governance and security: challenges for the rich countries and the world [J]. Social science electronic publishing, 2004.

[87] KELOHARJU M. The winner's curse, legal liability, and the long-run price performance of initial public offerings in Finland [J]. Journal of financial economics, 1993, 34 (2): 251 - 277.

[88] KIM J B, KRINSKY I, LEE J. Motives for going public and underpricing: new findings fromKorea [J]. Journal of business finance & accounting, 1993, 20 (2): 195 –211.

[89] KIM J B, KRINSKY I, LEE J. The aftermarket performance of initial public offerings in Korea [J]. Pacific – basin finance journal, 1995, 3 (4): 429 –448.

[90] KIRKULAK B, DAVIS C. Underwriter reputation and underpricing: Evidence from the Japanese IPO market [J]. Pacific – Basin Finance Journal, 2005, 13 (4): 451 –470.

[91] KLEIN A. Audit committee, board of director characteristics, and earnings management [J]. Journal of accounting & economics, 2002, 33 (3): 375 –400.

[92] KOH F, WALTER T. A direct test of rock's model of the pricing of unseasoned issues [J]. Journal of financial economics, 1989, 23 (2): 251 –272.

[93] KUTSUNA K, SMITH R. Why does book building drive out auction methods of IPO issuance? Evidence from Japan [J]. Review of financial studies, 2004, 17 (4): 1129 –1166.

[94] LAPORTA R, FLORENCIO LOPEZ DESILANES, SHLEIFER A, et al. Law and finance [J]. Harvard institute of economic research working papers, 1998, 106 (6): 1113 –1154.

[95] LEE P J, TAYLOR S L, WALTER T S. Expected andrealized returns for Singaporean IPOs: initial and long – run analysis [J]. Pacific – basin finance journal, 1996, 8: 153 –180.

[96] LEE P J, TAYLOR S L, WALTER T S. IPOunderpricing explanations: implications from investor application and allocation schedules [J]. Journal of financial & quantitative analysis, 1999, 34 (4): 425 –444.

[97] LEVIS M. The long – run performance of initial public offerings: the UK experience 1980 –1988 [J]. Financial management, 1993, 22 (1): 28 –41.

[98] LEVIS M. Thewinner's curse problem, interest costs and the underpricing of initial public offerings [J]. Economic journal, 1990, 100 (399): 76 –89.

[99] LI DD. Changing incentives of the Chinese bureaucracy [J]. William Davidson Institute Working Papers, 1998, 88 (2): 393 –397.

[100] LI H, ZHOU L A. Political turnover and economic performance: the incentive role of personnel control in China [J]. Journal of public economics, 2005, 89 (9 –10): 1743 –1762.

[101] LI S, SELOVER DD, STEIN M. “Keep silent and make money”: institutional patterns of earnings management in China [J]. Journal of Asian economics, 2011, 22 (5): 369-382.

[102] LIU J, UCHIDA K, GAO R. Earnings management of initial public offering firms: evidence from regulation changes in China [J]. Accounting & finance, 2014, 54 (2): 505-537.

[103] LIU J, UCHIDA K, GAO R. Legal protection and underpricing of IPOs: evidence from china [J]. Pacific-basin finance journal, 2014, 27: 163-187.

[104] LIU J, UCHIDA K, GAO R. Political connections and the long-term stock performance of Chinese IPOs [J]. Journal of international financial markets institutions & money, 2012, 22 (4): 814-833.

[105] LJUNGQVIST A. IPO underpricing - handbook of empirical corporate finance - chapter 7 [J]. Handbook of empirical corporate finance, 2007: 375-422.

[106] LLOYD A E. The determination of capital structure: is national culture a missing piece to the puzzle? [J]. Journal of international business studies, 2002, 33 (1): 99-127.

[107] LOGUE D E. On the pricing of unseasoned equity issues: 1965-1969 [J]. Journal of financial & quantitative analysis, 1973, 8 (1): 91-103.

[108] LOUGHRAN T, RITTER J R, RYDQVIST K. Initial public offerings: International insights [J]. Pacific-basin finance journal, 2004, 2 (2-3): 165-199.

[109] LOUGHRAN T, RITTER J R. The new issues puzzle [J]. Journal of finance, 1995, 50 (1): 23-51.

[110] LOWRY M, SCHWERT G W. IPOmarket cycles: bubbles or sequential learning? [J]. Journal of finance, 2002, 57 (3): 1171-1200.

[111] LOWRY M, SHU S. Litigation risk and IPO underpricing [J]. Journal of financial economics, 2002, 65 (3): 309-335.

[112] LUCAS D J, MCDONALD R L. Equity issues and stock price dynamics [J]. Journal of finance, 1990, 45 (4): 1019-1043.

[113] MARIA C A, BALATBAT T. Discussion of, explaining the short- and long-term IPO anomalies in the US by R&D [J]. Journal of business finance & accounting, 2006, 33 (3-4): 580-586.

[114] MASKIN E, QIAN Y, XU C. Incentives, scale economies, and organizational form [J]. William Davidson institute working papers, 1997, 41 (3-4): 122-128.

[115] MCDONALD J G, FISHER A K. New – issue stock price behavior [J]. Journal of finance, 1972, 27 (1): 97 – 102.

[116] MCGUINNESS P. An examination of the underpricing of initial public offerings in HONG KONG: 1980 – 90 [J]. Journal of business finance & accounting, 2010, 19 (2): 165 – 186.

[117] MCLAUGHLIN R, SAFIEDDINE A, VASUDEVAN G K. The operating performance of seasoned equity issuers: free cash flow and post – issue performance [J]. FM the journal of the financial management association, 1996, 25 (4): 41 – 53.

[118] MEGGINSON W L, WEISS K A. Venture capitalist certification in initial public offerings [J]. Journal of finance, 1991, 46 (3): 879 – 903.

[119] MICHAEL J, REYNEKE I P. The timing and subsequent performance of initial public offerings (IPOs) on the Johannesburg stock exchange [J]. Journal of business finance & accounting, 2010, 24 (9&10): 1401 – 1420.

[120] MICHAELY R, SHAW W H. The pricing of initial public offerings: tests of adverse – selection and signaling theories [J]. Review of financial studies, 1994, 7 (2): 279 – 319.

[121] MOK H M K, HUI Y V. Underpricing and aftermarket performance of IPOs in Shanghai, China [J]. Pacific – basin finance journal, 1998, 6 (5): 453 – 474.

[122] MORSFIELD S G, TAN C E L. Do venture capitalists influence the decision to manage earnings in initial public offerings? [J]. Accounting review, 2006, 81 (5): 1119 – 1150.

[123] MYERS S C. Determinants of corporate borrowing [J]. Journal of financial economics, 1977, 5 (2): 147 – 175.

[124] NACEUR S B, GHANEM H. The short- and long-run performance of new listings in Tunisia [J]. International review of finance, 2010, 2 (4): 235 – 246.

[125] OMRAN M. Underpricing and long-run performance of share issue privatizations in the Egyptian stock market [J]. Journal of financial research, 2010, 28 (2): 215 – 234.

[126] OTHMAN H B, ZEGHAL D. A study of earnings – management motives in the Anglo – American and Euro – Continental accounting models: The Canadian and French cases [J]. International journal of accounting, 2006, 41 (4): 406 – 435.

[127] PAGANO M, PANETTA F, ZINGALES L. Why do companies go public? An empirical analysis [J]. Journal of finance, 1998, 53 (1): 27 – 64.

[128] PARK A, SEHRT K. Tests of financial intermediation and banking reform in China [J]. Journal of comparative economics, 2001, 29 (4): 608 - 644.

[129] PAUDYAL K, SAADOUNI B, BRISTON R J. Privatization initial public offerings in Malaysia: Initial premium and long-term performance [J]. Pacific - Basin Finance Journal, 1998, 6 (5): 427 - 451.

[130] PEASNELL K V, POPE P F, YOUNG S. Board monitoring and earnings management: do outside directors influence abnormal accruals? [J]. Journal of business finance & accounting, 2005, 32 (7 - 8): 1311 - 1346.

[131] PETTWAY R H, KANEKO T. The effects of removing price limits and introducing auctions upon short-term IPO returns: the case of Japanese IPOs [J]. Pacific - basin finance journal, 1996, 4 (2): 241 - 258.

[132] PONCET S, STEINGRESS W, VANDENBUSSCHE H. Financial constraints in China: firm - level evidence [J]. China economic review, 2010, 21 (3): 411 - 422.

[133] PORTA R L, LOPEZ - DE - SILANES F, SHLEIFER A, et al. Investor protection and corporate valuation [J]. Journal of finance, 2002, 57 (3): 1147 - 1170.

[134] PORTA R L, SHLEIFER A. What works in securities laws? [J]. Journal of finance, 2006, 61 (1): 1 - 32.

[135] PORTA R L. Legal determinants of external finance [J]. Journal of finance, 1997, 52 (3): 1131 - 1150.

[136] QI D, WU W, ZHANGh. Shareholding structure and corporate performance of partially privatized firms: evidence from listed Chinese companies [J]. Pacific - basin finance journal, 2000, 8 (5): 587 - 610.

[137] REILLY F K, HATFIELD K. Investor experience with new stock issues [J]. Financial analysts journal, 2005, 25 (5): 73 - 80.

[138] RITTER J R, LOUGHRAN T. Uniformly least powerful test of market efficiency [J]. Journal of financial economics, 2000, 55 (3): 361 - 389.

[139] RITTER J R. Signaling and the valuation of unseasoned new issues: a comment [J]. Journal of finance, 1984, 39, 1231 - 1237.

[140] RITTER J R. The "hot issue" market of 1980 [J]. Journal of business, 1984, 57, 215 - 240.

[141] RITTER J R. The long-run performance of initial public offerings [J]. Journal of

finance, 1991, 46, 3 -27.

[142] RITTER J R. The long-run performance of initial public offerings [J]. Journal of finance, 1991, 46 (1): 3 -27.

[143] ROCK K. Why new issues are underpriced [J]. Journal of financial economics, 1986, 15 (1): 187 -212.

[144] ROOSENBOOM P, GOOT T V D, MERTENS G. Earnings management and initial public offerings: evidence from the netherlands [J]. International journal of accounting, 2003, 38 (3): 243 -266.

[145] RYDQVIST K. IPO underpricing as tax - efficient compensation [J]. Journal of banking & finance, 1997, 21 (3): 295 -313.

[146] SAPIENZA P. The effects of government ownership on bank lending [J]. Journal of financial economics, 2004, 72 (2): 357 -384.

[147] SAUNDERS A, LIM J. Underpricing and the new issue process in Singapore [J]. Journal of banking & finance, 1990, 14 (2 -3): 291 -309.

[148] SCHULTZ P. Pseudo market timing and the long-run underperformance of IPOs [J]. Journal of finance, 2003, 58 (2): 483 -518.

[149] SCHULTZ P. Unit initial public offerings: a form of staged financing [J]. Journal of financial economics, 1993, 34 (2): 199 -229.

[150] SHLEIFER A, VISHNY R W. Large shareholders and corporate control [J]. Journal of political economy, 1986, 94 (3): 461 -488.

[151] SHLEIFER A, VISHNY R W. Voucher privatization [J]. Journal of financial economics, 1994, 32, 23 -43.

[152] SPATT C, SRIVASTAVA S. Prepay Communication, participation restrictions, and efficiency in initial public offerings [J]. Review of financial studies, 1991, 4 (4): 709 -726.

[153] STIJN CLAESSENS, LUC LAEVEN. Law, property rights and growth [J]. Ssrn electronic journal, 2001.

[154] SU D, FLEISHER B M. An empirical investigation of underpricing in Chinese IPOs [J]. Technological development of enterprise, 2005, 7 (2): 173 -202.

[155] SUBRAHMANYAM A, TITMAN S. The going - public decision and the development of financial markets [J]. Journal of finance, 2010, 54 (3): 1045 -1082.

[156] TEOH S H, WELCH I, WONG T J. Earnings management and the long - run

market performance of initial public offerings [J]. Journal of finance, 1998, 50 (1): 101 - 122.

[157] TEOH S H, WONG T J, RAO G R. Are accruals during initial public offerings opportunistic? [J]. Review of accounting studies, 1998, 3 (1 - 2): 175 - 208.

[158] TIAN L. Government shareholding and the value of China's modern firms [J]. Social science electronic publishing, 2002.

[159] TING Y U, TSE Y K. An empirical examination of IPO underpricing in the Chinese A - share market [J]. China economic review, 2006, 17 (4): 363 - 382.

[160] TITMAN S, TRUEMAN B. Information quality and the valuation of new issues [J]. Journal of accounting & economics, 1986, 8 (2): 159 - 172.

[161] WANG C. Ownership and operating performance of Chinese IPOs [J]. Journal of banking & finance, 2005, 29 (7): 1835 - 1856.

[162] WANG J. The strange role of independent directors in a two - tier board structure in China's listed companies [J]. Social science electronic publishing, 2008.

[163] WANG Q, WONG T J, XIA L. State ownership, the institutional environment, and auditor choice: Evidence from China [J]. Journal of Accounting & Economics, 2008, 46 (1): 112 - 134.

[164] WATTS R L, ZIMMERMAN J L. Positive accounting theory: a ten - year perspective [J]. Accounting review, 1990, 65 (1): 131 - 156.

[165] WELCH I. Seasoned Offerings, Imitation costs, and the underpricing of initial public offerings [J]. Journal of finance, 1989, 44 (2): 421 - 449.

[166] WU S, XU N, YUAN Q. State control, legal investor protection, and ownership concentration: evidence from China [J]. Corporate governance an international review, 2009, 17 (2): 176 - 192.

[167] XU X, WANG Y. Ownership structure and corporate governance in Chinese stock companies [J]. China economic review, 1999, 10 (1): 75 - 98.

[168] ZINGALES L. Insider ownership and the decision to go public [J]. Review of economic studies, 1995, 62 (3): 425 - 448.

后　记

本书画上了一个句号，而于我的人生却只是一个逗号。在本书的创作过程中，收获了师长、亲友的大力支持，走得辛苦却收获满满，思绪万千。

本书的完成离不开我的博士生导师内田交谨教授。内田教授治学严谨，学识渊博，思想深邃，视野雄阔，为我潜心研究营造了一种良好的精神氛围。授人以鱼不如授人以渔，置身其间，耳濡目染，潜移默化，使我不仅接受了全新的思想观念，树立了宏伟的学术目标，更领会了其基本的思考方式。老师的指点常常让我有醍醐灌顶、柳暗花明之感。

学术创作如同攀登高峰，道路荆棘，却心系远方，不知未来会有怎样的风景，永远充满着惊喜。思考是一种享受，写作就是将这种享受用理性的方式表达出来。静心研究，实现对世界新的认知。

最后，感谢我至亲的父母、爱人和孩子，感谢他们在本书创作过程中对我的理解与支持！